Experiência
e educação

Dados Internacionais de Catalogação na Publicação (CIP)
(Câmara Brasileira do Livro, SP, Brasil)

Dewey, John, 1859-1952
 Experiência e educação / John Dewey ; tradução de Renata Gaspar. – Petrópolis, RJ : Vozes, 2023.
 Título original: Experience and education.

2ª reimpressão, 2024.

ISBN 978-65-5713-721-5
1. Educação – Filosofia 2. Experiência I. Título.

22-135116   CDD-370.1

Índices para catálogo sistemático:
1. Educação : Filosofia 370.1
Eliete Marques da Silva – Bibliotecária – CRB-8/9380

JOHN DEWEY
Experiência e educação

Tradução de Renata Gaspar

Petrópolis

Tradução do original em inglês intitulado *Experience and Education*

© desta tradução:
2023, Editora Vozes Ltda.
Rua Frei Luís, 100
25689-900 Petrópolis, RJ
www.vozes.com.br
Brasil

Todos os direitos reservados. Nenhuma parte desta obra poderá ser reproduzida ou transmitida por qualquer forma e/ou quaisquer meios (eletrônico ou mecânico, incluindo fotocópia e gravação) ou arquivada em qualquer sistema ou banco de dados sem permissão escrita da editora.

CONSELHO EDITORIAL

Diretor
Volney J. Berkenbrock

Editores
Aline dos Santos Carneiro
Edrian Josué Pasini
Marilac Loraine Oleniki
Welder Lancieri Marchini

Conselheiros
Elói Dionísio Piva
Francisco Morás
Gilberto Gonçalves Garcia
Ludovico Garmus
Teobaldo Heidemann

Secretário executivo
Leonardo A.R.T. dos Santos

Diagramação: Sheilandre Desenv. Gráfico
Revisão gráfica: Nilton Braz da Rocha
Capa: SGDesign

ISBN 978-65-5713-721-5

Este livro foi composto e impresso pela Editora Vozes Ltda.

Sumário

Prefácio, 7

I – Educação tradicional *versus* educação progressiva, 11

II – A necessidade de uma teoria da experiência, 23

III – Critérios de experiência, 35

IV – Controle social, 67

V – A natureza da liberdade, 85

VI – O significado do propósito, 93

VII – A organização progressiva das matérias e conteúdos curriculares, 105

VIII – Experiência – Os meios e as metas da educação, 137

Índice, 141

Prefácio

O campo da educação é uma arena para controvérsias.

Todos os movimentos sociais envolvem conflitos que resultam em controvérsias intelectuais. Diante disso, não seria natural se um importante foco de interesse social como a educação não fosse também uma arena de lutas tanto práticas como teóricas. Porém, para a teoria, pelo menos para a teoria que dá base a uma filosofia da educação, os conflitos práticos e as controvérsias que surgem no nível desses conflitos apenas apontam para um problema. É tarefa de uma teoria da educação inteligente investigar as causas dos conflitos existentes e, em seguida, ao invés de tomar partido, indicar um plano operacional a partir de um nível mais profundo e mais abrangente do que o representado pelas práticas e ideias dos grupos em competição.

Esta formulação da tarefa da Filosofia da Educação não significa que é seu dever tentar buscar um acordo entre correntes de pensamentos opostos;

encontrar uma *via media* ou ainda elaborar uma combinação eclética de diversos aspectos selecionados a partir de diferentes pontos de todas as correntes de pensamento. Significa, na verdade, a necessidade de uma nova ordem de concepções que conduza a novos modos de práticas. Por isso é tão difícil desenvolver uma Filosofia da Educação que abandone a tradição e os costumes atuais. É por esta mesma razão que é também tão difícil gerir escolas com base em uma nova ordem de concepções, diferentes das adotadas pelos que seguem por caminhos já desgastados pelo tempo. Diante disso, todo movimento em direção a uma nova ordem de ideias e de atividades delas decorrentes acaba, cedo ou tarde, provocando um retorno ao que parecem ser as mais simples e mais fundamentais ideias e práticas do passado – podendo ser tomado como exemplo o que acontece na educação atualmente (1938) em sua tentativa de reviver princípios da Grécia antiga e da Idade Média.

Pensar na própria educação e não em certos "ismos".

É nesse contexto que sugiro, no final deste pequeno volume, que aqueles que olham em frente na busca por um novo movimento na educação, coerente com a necessidade atual de uma nova ordem social, deveriam pensar em termos da própria educação e não de certos "ismos" sobre educação, mesmo sendo um "ismo" como "progressivismo". Até porque, independente dele mesmo, todo movimento que pensa e age em termos de um "ismo" envolve-se tão intensamente na reação contra outros "ismos" que acaba sendo por eles controlado. Por conta disso, seus princípios se formulam na reação contra esses "ismos" e não em uma investigação abrangente e construtiva das atuais necessidades, problemas e possibilidades. Se algum valor possui o artigo apresentado neste volume, ele se encontra na tentativa de chamar atenção para as mais amplas e profundas questões que envolvem a educação, bem como em sugerir um quadro de referência apropriado para a investigação dessas questões.

I

Educação tradicional *versus* educação progressiva

A história da educação é uma história de oposições teóricas.

Nós, seres humanos, gostamos de pensar por meio de opostos extremos. Temos o costume de formular nossas crenças em termos de *ou isso ou aquilo*, entre os quais não há possibilidades intermediárias. Quando forçados a reconhecer que não se pode agir com base em oposições extremas, ainda insistimos que estamos certos na teoria, mas que a prática nos leva a ceder. A filosofia educacional não é uma exceção. A história da teoria educacional é marcada pela oposição entre a ideia de que a educação é um desenvolvimento de dentro para fora e a de que é uma formação de fora para dentro; entre a ideia de que a educação tem como base dons naturais e a de que é um processo de superação das inclinações naturais para substituí-las por hábitos adquiridos sob pressão externa.

A ideia fundamental da educação tradicional envolve a transmissão do passado a uma nova geração.

No presente, essa oposição, bem como os aspectos práticos relacionados à escola, tende a tomar a forma de contraste entre a educação tradicional e a educação progressiva. Se as ideias básicas da educação tradicional forem formuladas do modo genérico, sem as qualificações necessárias para uma definição específica, elas podem ser compreendidas da seguinte maneira: a matéria ou conteúdo da educação consiste em um conjunto de informação e de habilidades elaboradas no passado, sendo, portanto, a principal tarefa da educação transmiti-las às novas gerações. No passado, foram também desenvolvidos modelos e regras de conduta, logo, a educação moral consiste em formar hábitos de ação em conformidade com essas regras e modelos. Por fim, o plano geral de organização da escola (que para mim diz respeito à relação entre os alunos e deles com os professores) faz da escola uma instituição radicalmente distinta das demais instituições sociais. Se pensarem na sala de aula comum, seus horários, seus esquemas de classificação, de avaliação e aprovação, de regras de disciplina, penso que compreenderão o que quero dizer com "plano de organização". Se fizerem um contraste dessa cena com o que acontece na família, por exemplo, compreenderão o que eu quis dizer quando considerei a escola como um tipo de instituição radicalmente distinta de qualquer outra forma de organização social.

O principal objetivo da educação tradicional é preparar o jovem para futuras responsabilidades.

As três características que acabei de mencionar fixam os objetivos e métodos de aprendizagem e de disciplina escolar. O principal propósito ou objetivo é preparar o jovem para suas responsabilidades futuras e para o sucesso na vida, por meio da aquisição de um conjunto organizado de informações e de formas preestabelecidas de habilidades que constituem o material de instrução. Considerando-se que os conteúdos de estudo, bem como os modelos de conduta apropriada são transmitidos de geração a geração, a atitude dos alunos deve ser, no geral, de docilidade, receptividade e obediência. Os livros, especialmente os livros didáticos, são os principais representantes do conhecimento e da sabedoria do passado, ao passo que os professores são os instrumentos pelos quais os alunos entram em contato efetivo com todo esse material. Os professores são os agentes pelos quais o conhecimento e as habilidades são transmitidos e as regras de condutas são reforçadas.

Não fiz esse breve resumo da escola tradicional com o propósito de criticar sua base filosófica. O surgimento do que se chama de educação nova ou escolas progressivas é produto do descontentamento com a educação tradicional. Na realidade, é uma crítica a ela. Quando essa crítica implícita se torna explícita, temos algo como o que se segue: o esquema tradicional é, em sua essência, uma imposição de cima para baixo e de fora para dentro. Impõe padrões, matérias de estudo e métodos desenvolvidos para adultos sobre aqueles que ainda caminham lentamente para a maturidade. A distância entre o que é imposto e os que sofrem tal imposição é tão grande que as matérias de estudo, os métodos de aprendizagem e o comportamento esperado são incoerentes com a capacidade correspondente à idade do jovem aluno. Estão além do alcance da experiência que ele já possui. Consequentemente, precisam ser impostos; mesmo que bons professores usem artifícios para mascarar tal imposição, a fim de minimizar seus aspectos obviamente brutais.

Apesar disso, o abismo entre a maturidade do adulto e a experiência e capacidade do jovem é tão amplo que a própria situação impede uma participação mais ativa dos alunos no desenvolvimento do que está sendo ensinado. A eles cabe lidar com isso e aprender, assim como a missão dos seiscentos soldados confederados foi a de lutar e morrer. Aprender aqui significa adquirir o que já está incorporado aos livros e à cabeça das gerações anteriores. Mais que isso, o que é ensinado é considerado como essencialmente estático. É ensinado como um produto acabado, sem maior atenção quanto aos modos como tal produto foi originalmente construído ou quanto às mudanças que certamente ocorrerá no futuro. Trata-se do produto cultural de sociedades que consideram que o futuro será exatamente como o passado, e que passa a ser usado como substância educacional em uma sociedade em que a mudança é uma regra e não uma exceção.

Os princípios da educação progressiva, quando comparados com os da educação tradicional, enfatizam a individualidade.

Se tentarmos formular a Filosofia da Educação implícita nas práticas da nova educação, é possível, eu acredito, descobrir certos princípios comuns em meio a variedade de escolas progressivas que existem na atualidade. O cultivo e a expressão da individualidade se opõem à imposição de cima para baixo; a atividade livre se opõe à disciplina externa; aprender por experiência em oposição à aprendizagem por meio de textos e professores; a aquisição de habilidades e técnicas como meio para atingir fins que correspondem às necessidades diretas e vitais do aluno em oposição à sua aquisição por meio de exercício e treino; aproveitar ao máximo as oportunidades do presente se opõe à preparação para um futuro mais ou menos remoto; o contato com um mundo em constante processo de mudança em oposição a objetivos e materiais estáticos.

Todos esses princípios são, porém, de natureza abstrata. Eles se tornam concretos nas consequências que resultam de sua aplicação. Exatamente porque os princípios acima mencionados são tão fundamentais e de imenso alcance, é que tudo depende da interpretação que se dá a eles quando são colocados em prática na escola e na família. É nesse aspecto que a referência feita anteriormente às filosofias do "isto ou aquilo" é especialmente pertinente. A filosofia geral da nova educação pode ser sólida e certa, mas ainda assim não será a diferença em princípios abstratos que decidirá a maneira como as preferências morais e intelectuais neles contidas serão concretizadas na prática. Em um novo movimento, há sempre o perigo de que, ao rejeitar os objetivos e métodos daquilo que quer suplantar, tal movimento possa desenvolver seus princípios negativamente e não de maneira positiva e construtiva. Dessa forma, busca-se uma orientação para a prática a partir do que é rejeitado, ao invés de buscá-lo no desenvolvimento construtivo de sua própria filosofia.

A educação progressiva une experiência e aprendizado.

Considero que a unidade fundamental da nova Filosofia da Educação tem como base a ideia de que há uma relação íntima e necessária entre os processos da experiência real com a educação. Se isso for verdadeiro, então um desenvolvimento positivo e construtivo de sua própria ideia básica depende de se ter uma ideia correta do que é experiência. Considere, por exemplo, a questão da organização da matéria curricular – que será discutida em mais detalhes mais adiante. O problema para a educação progressiva é: Qual é o lugar e o significado de matéria curricular e de sua organização dentro da experiência? Como funciona a matéria curricular?

Há algo inerente à experiência que leve à direção progressiva de seus conteúdos? O que acontece quando o conteúdo da experiência não é progressivamente organizado? Uma filosofia que procede com base em rejeições, em simples oposições, negligenciará estas questões. Terá a tendência de supor que, porque a educação tradicional tinha como base organizações previamente feitas, será suficiente rejeitar o princípio de organização *in toto*, ao invés de se esforçar para descobrir o que significa organização e como é possível consegui-la com base na experiência. Podemos percorrer todos os pontos de diferença entre a nova e a velha educação e chegar a conclusões similares. Quando o controle externo é rejeitado, o problema passa a ser descobrir os fatores de controle que são inerentes à experiência. Quando a autoridade externa é rejeitada, não significa que toda autoridade deva ser rejeitada, mas sim que é necessário buscar uma forma mais efetiva de autoridade. O fato de que a educação tradicional impunha aos mais jovens conhecimentos, métodos e regras de conduta dos adultos não significa, a não ser como base na filosofia dos extremos de "isto ou aquilo", que o conhecimento e as habilidades dos adultos não tenham valor diretivo para as experiências dos mais novos.

Ao contrário, basear a educação na experiência pessoal pode significar contatos mais numerosos e mais íntimos entre adultos e pessoas mais jovens do que jamais existiu na escola tradicional e, consequentemente, mais e não menos orientação interpessoal. O problema, então, é: como esses contatos podem ser estabelecidos sem violar o princípio da aprendizagem por meio da experiência pessoal. A solução para esse problema requer uma filosofia bem-elaborada dos fatores sociais que operam na constituição da experiência individual.

A nova educação cria novos problemas a serem resolvidos na sala de aula.

O que estas observações indicam é que os princípios gerais da nova educação por si sós não resolvem nenhum dos problemas de condução concreta ou prática e da direção das escolas progressivas. Ao contrário, apresentam novos problemas que precisam ser solucionados com base em uma nova filosofia da experiência. Os problemas não são sequer identificados, quanto mais solucionados, quando se supõe que basta rejeitar as ideias e as práticas da velha educação e partir para uma posição extremamente oposta. Tenho certeza de que entenderão o que quero dizer quando afirmo que muitas das novas escolas tendem a dar pouca ou nenhuma importância à organização das matérias curriculares; a proceder como se a direção ou a orientação dada pelo adulto significasse uma invasão da liberdade individual e como se a ideia de que a educação deve se preocupar com o presente e com o futuro significasse que o conhecimento do passado não tenha nenhuma importância ou que desempenhe um papel menor na educação. Sem levar tais falhas ao ponto do exagero, elas, no mínimo, ilustram o que se compreende por uma teoria e uma prática de educação que procede de forma negativa ou rejeita o que é comumente aceito em educação, e não por meio de um desenvolvimento positivo e construtivo de propósitos, métodos e matérias curriculares para dar base a uma teoria da experiência e suas potencialidades educacionais.

A nova educação não deve ignorar os problemas que podem surgir a partir de sua filosofia.

Não é demais dizer que uma filosofia educacional que declare ter como base a ideia de liberdade possa se tornar mais dogmática do que a educação tradicional contra a qual, no entanto, procura reagir. Qualquer teoria, bem como qualquer conjunto de práticas, pode tornar-se dogmática se não tomar como base o exame crítico de seus próprios princípios fundamentais. Digamos que a nova educação enfatize a liberdade do aluno. Está correto. Temos, porém, uma questão a ser pensada. O que significa liberdade e quais são as condições capazes de transformá-la em uma realidade? Digamos que o tipo de imposição externa que era tão comum na escola tradicional limitasse, ao invés de promover, o desenvolvimento intelectual e moral do jovem. Mais uma vez está correto. Porém, o reconhecimento dessa falha grave da escola nos leva a outra questão. Qual é exatamente o papel do professor e dos livros na promoção do desenvolvimento educacional de jovens alunos? É certo admitir que a educação tradicional adote como matérias curriculares fatos e ideias tão ligados ao passado que pouco contribuem para a compreensão dos problemas do presente e do futuro. Porém, isso nos coloca diante da questão de descobrir a conexão exata entre as realizações do passado e os problemas do presente existentes na experiência. Temos que investigar como o fato de conhecer o passado pode ser traduzido em um instrumental poderoso para lidar efetivamente com o futuro. Podemos rejeitar o conhecimento do passado como um *fim* da educação e, assim, apenas enfatizar sua importância como um *meio*. Ao fazê-lo, porém, nos colocamos diante de um novo problema no contexto educacional: Como poderá o jovem se tornar conhecedor do passado de forma que tal conhecimento seja um agente poderoso na avaliação da vida atual?

II

A necessidade de uma teoria da experiência

Abandonar o [que é] velho não resolve todo e qualquer problema.
Resumindo, o que desejo destacar é que a rejeição à filosofia e à prática da educação tradicional apresenta um novo tipo de difícil problema educacional para os que acreditam em um novo tipo de educação. Enquanto não reconhecermos esse fato e enquanto não aceitarmos definitivamente que não é abandonando o velho que resolveremos qualquer problema, continuaremos atuando de maneira cega e confusa. Dessa forma, o que é dito nas páginas que se seguem tem a intenção de indicar alguns dos principais problemas com os quais a nova educação é confrontada e de sugerir as linhas fundamentais a serem seguidas na busca de suas soluções. Admito que, dentre todas as incertezas, existe um quadro de referência permanente: de que há uma conexão

orgânica entre educação e experiência pessoal, ou seja, de que a nova Filosofia da Educação está comprometida com algum tipo de filosofia empírica e experimental. Porém, experiência e experimento não são ideias autoexplicativas. Ao contrário, seus significados são parte de um problema a ser explorado. Para saber o significado de empirismo, precisamos compreender o que é experiência.

Nem todas as experiências são igualmente educativas.

A crença de que toda educação verdadeira é fruto da experiência não significa que todas as experiências são verdadeiramente ou igualmente educativas. Experiência e educação não são diretamente equivalentes uma à outra. Algumas experiências são deseducativas. Qualquer experiência que tenha o efeito de impedir ou distorcer o amadurecimento para futuras experiências é deseducativa. Uma experiência pode ser de tal natureza que produza indiferença, insensibilidade e incapacidade de reação, limitando, assim, as possibilidades de experiências mais ricas no futuro. Uma outra experiência pode aumentar a destreza de uma habilidade automática, de forma que a pessoa se habitue a certos tipos de rotinas, limitando-lhe, igualmente, as possibilidades de novas experiências. Uma experiência pode ser imediatamente prazerosa e, mesmo assim, contribuir para a formação de uma atitude negligente e preguiçosa que, desse modo, atua modificando a qualidade das experiências subsequentes, impedindo a pessoa de extrair dessas experiências tudo o que elas podem proporcionar. Outras experiências podem ser tão desconectadas umas das outras que, embora agradáveis e até excitantes, não se articulam cumulativamente. A energia se dissipa e a pessoa se torna dispersa. Cada uma das experiências pode ser vigorosa, intensa e "interessante", mas, ainda assim, a falta de conexão entre elas pode gerar artificialmente hábitos dispersivos, desintegrados e centrífugos. A consequência da formação de tais hábitos é a incapacidade de controlar experiências futuras que passam a ser consideradas, ou como fontes de prazer, ou de descontentamento e revolta. Diante dessas circunstâncias é dispensável falar de autocontrole.

A educação tradicional proporciona experiências erradas.

A educação tradicional propõe uma enorme quantidade de exemplos de experiências dos tipos mencionados. É um grande erro supor, mesmo tacitamente, que a sala de aula tradicional não seja um lugar em que os alunos podem ter experiências. No entanto, isso é admitido tacitamente quando a educação progressiva, como um plano de aprendizagem pela experiência, é situada em oposição radical à escola tradicional. O verdadeiro ponto de ataque é que as experiências que tanto alunos quanto professores têm nas escolas tradicionais são, em grande parte, do tipo errado. Quantos alunos, por exemplo, tornaram-se insensíveis a certas ideias, e quantos perderam a motivação para aprender por causa da forma como experimentaram o processo de aprendizagem? Quantos adquiriram habilidades específicas por meio de exercícios automáticos que limitaram seu poder de julgamento e sua capacidade de agir com inteligência diante de novas situações? Quantos passaram a associar o processo de aprendizagem com algo entediante e maçante? Quantos acharam o que aprenderam tão distante da vida fora da escola que nenhuma capacidade de controle lhes proporcionou para o comando da vida? Quantos passaram a associar os livros com uma tarefa tão maçante de maneira a ficarem "condicionados" a leituras rápidas e ocasionais?

Tudo depende da qualidade das experiências.

Faço tais perguntas não para condenar completamente a educação tradicional, mas sim com um propósito bastante diferente. Na verdade, quero enfatizar primeiro o fato de que os jovens têm e passam por experiências nas escolas tradicionais, e segundo, o fato de que o problema não é a falta de experiências, mas o caráter dessas experiências – falho e defeituoso do ponto de vista da conexão com experiências futuras. O aspecto positivo disso é ainda mais importante em relação à educação progressiva. Não é suficiente insistir na necessidade da experiência, nem mesmo de atividade em experiência. Tudo depende da *qualidade* da experiência que se tem. A qualidade de qualquer experiência tem dois aspectos: o aspecto imediato de ser agradável ou desagradável e o segundo aspecto que diz respeito a sua influência sobre experiências posteriores. O primeiro aspecto é óbvio e fácil de julgar. O efeito de uma experiência não se origina em sua superfície e isso se torna um problema para o educador. É sua tarefa proporcionar situações para que as experiências, embora não provoquem resistência por parte do aluno, mobilizem seus esforços e que, além disso, se apresentem em forma de atividades mais do que imediatamente agradáveis, na medida em que o estimulem e o preparem para experiências futuras. Assim como nenhum homem vive e morre para si mesmo, nenhuma experiência vive e morre para si mesma.

Totalmente independente do desejo ou da intenção, toda experiência vive e se perpetua nas experiências que a sucedem. Portanto, o problema central de uma educação baseada na experiência é selecionar o tipo de experiências presentes que continuem a viver frutífera e criativamente nas experiências subsequentes.

A filosofia educacional deve ser formulada como um plano.

Mais adiante, analisarei com mais detalhes o princípio da continuidade da experiência ou o que poderíamos chamar de *continuum* experiencial. Aqui, desejo apenas enfatizar a importância desse princípio para a experiência educativa. Uma filosofia da educação, como toda teoria, tem que ser formulada em palavras, em símbolos. Porém, mais do que verbal, ela é um plano para conduzir a educação. Como qualquer plano, deve ser construído com base no que deve ser feito e em como deve ser feito. Quanto mais definida e honestamente se acredita que a educação é um desenvolvimento na, por e para a experiência, mais importante é que sejam claras as concepções do que seja experiência. Sem um conceito claro de experiência que resulte em um plano de decisões acerca das matérias curriculares, dos métodos de ensino e de disciplina, bem como dos recursos didáticos e da organização social da escola, a ideia estará completamente solta e ficará reduzida a um jogo de palavras capaz de despertar emoções, mas que pode ser substituído por qualquer outro conjunto de palavras, a não ser que indique uma série de operações a serem iniciadas e executadas. O fato de a educação tradicional ser uma questão de rotinas na qual os planos e programas são herdados do passado não significa que a educação progressiva seja uma questão de improvisação sem planos.

A educação progressiva requer organização baseada em ideias de experiência.

A escola tradicional poderia sobreviver sem nenhuma filosofia da educação consistentemente desenvolvida. Nesse aspecto, tudo de que necessitaria seria um conjunto de abstrações como cultura, disciplina, nossa grande herança cultural etc., sendo seu direcionamento decorrente não dessas abstrações, mas de costumes e rotinas estabelecidas. Já as escolas progressivas, por não poderem tomar como base tradições estabelecidas e hábitos institucionais, devem proceder mais ou menos ao acaso, ou serem direcionadas por ideias que, quando articuladas e coerentes, formam uma filosofia da educação. A revolta contra o tipo de organização característica da escola tradicional representa uma demanda por um tipo de organização baseada em ideias. Penso que um conhecimento superficial da história da educação já é suficiente para comprovar que apenas os inovadores e aqueles que lutam pelas reformas educacionais sentem a necessidade de uma filosofia da educação. Aqueles que aderiram ao sistema estabelecido necessitaram apenas de algumas belas palavras para justificar as práticas existentes. O verdadeiro trabalho foi feito de acordo com hábitos tão fixos a ponto de se tornarem institucionalizados. Cabe à educação progressiva se inspirar na lição dos inovadores e dos que lutaram por reformas no passado, e buscar, com mais urgência e mais pressão, uma filosofia da educação baseada em uma filosofia da experiência.

A educação progressiva tem como raiz a experiência.

Casualmente, destaquei que a filosofia em questão, parafraseando Lincoln ao falar sobre a democracia, é uma filosofia da educação de, por e para a experiência. Nenhuma dessas palavras, *de*, *por* ou *para*, designa algo que seja evidente por si só. Cada uma delas representa um desafio para a descoberta e para pôr em funcionamento um princípio de ordem e organização que deriva da compreensão do que significa experiência educativa.

Os métodos e as relações da educação progressiva são mais difíceis.

É, portanto, muito mais difícil decidir sobre tipos de conteúdos, de métodos e de relações sociais apropriados à nova educação do que no caso da educação tradicional. Penso que muitas das dificuldades enfrentadas na condução das escolas progressivas e muitas das críticas contra elas surgem desse fato. As dificuldades se agravam e as críticas aumentam quando se supõe que a nova educação, de alguma forma, é mais fácil que a tradicional. Essa crença, eu imagino, é mais ou menos comum. Talvez isso ilustre novamente a filosofia dos extremos, "ou isso ou aquilo", inspirada na ideia de que tudo o que é exigido da nova educação é *não* fazer o que se faz nas escolas tradicionais.

Apesar de mais simples em princípio, planejar a educação progressiva é difícil.

Admito com satisfação que a nova educação é *mais simples* em princípio do que a tradicional. A nova educação está em harmonia com os princípios do crescimento, o que é natural. Por outro lado, há muito de artificial na seleção e no arranjo das matérias e dos métodos na organização tradicional, e a artificialidade sempre leva a uma complexidade desnecessária. Porém, o fácil e o simples não são idênticos. Descobrir o que é realmente simples e agir de acordo com essa descoberta é uma tarefa extremamente difícil. Uma vez que o artificial e complexo é institucionalmente estabelecido e enraizado no costume e na rotina, é mais fácil percorrer o caminho já trilhado do que, após adotar um novo ponto de vista, colocar em funcionamento o que, na prática, envolve esse novo ponto de vista. O velho sistema astronômico de Ptolomeu, com seus ciclos e epiciclos, era mais complicado do que o de Copérnico. No entanto, enquanto a organização dos fenômenos astronômicos com base no novo sistema não se estabeleceu concretamente, era mais fácil seguir o caminho com menos resistências oferecido pelo velho hábito intelectual. Voltamos, assim, à ideia de que é essencial uma *teoria* coerente da experiência que indique uma direção positiva para a seleção e organização de conteúdos e métodos educacionais apropriados quando se tenta buscar um novo caminho para o trabalho das escolas. O processo é lento e árduo. É uma questão de crescimento, e há muitos obstáculos que tendem a impedir o crescimento e a desviá-lo para caminhos errados.

Mais adiante terei algo a dizer sobre organização. Neste momento, tudo o que é necessário dizer é que devemos escapar da tendência a pensar em organização em termos do *tipo* de organização, seja de conteúdo (ou matéria), ou de métodos e relações sociais, que marcam a educação tradicional. Penso que a grande desculpa para a oposição tão comum à ideia de organização deve-se ao fato de que é difícil se afastar do modelo de estudos da escola tradicional. No momento em que a palavra "organização" é mencionada, a imaginação nos remete quase automaticamente para o tipo de organização que nos é familiar da educação tradicional e, como nos opomos a ela, evitamos qualquer ideia de organização. Por outro lado, educadores reacionários, que no momento estão ganhando força, lançam mão da falta de uma organização intelectual e moral nos novos tipos de escola como prova não apenas da necessidade de organização, mas também para identificar toda e qualquer organização que tenha se instituído antes do surgimento da ciência experimental. A falha no desenvolvimento de uma concepção de organização fundamentada em bases empíricas e experimentais dá uma vitória fácil aos reacionários. Porém, o fato de as ciências empíricas oferecerem atualmente o melhor tipo de organização intelectual que se pode encontrar em qualquer campo demonstra que não há razão para que nós, que nos consideramos empiristas, tenhamos que ser os "perdedores" em matéria de ordem e organização.

III

Critérios de experiência

Analisar os princípios da teoria da experiência auxilia no direcionamento de sua aplicação.

Se há alguma verdade no que vem sendo dito sobre a necessidade de uma teoria da experiência a fim de que a educação possa ser conduzida de forma inteligente com base nela, é óbvio que o próximo passo de nossa discussão é apresentar os princípios mais importantes para a formulação dessa teoria. Portanto, não pedirei desculpas por me ater aqui a certas análises filosóficas, que de outro modo poderiam parecer sem propósito em um texto como este. Posso, contudo, tranquilizar-lhes, afirmando que tais análises serão desenvolvidas somente até o ponto necessário para que se estabeleçam os critérios a serem aplicados na posterior discussão de inúmeras questões concretas e, para a maioria das pessoas, mais interessantes.

A educação progressiva é mais humana que a educação tradicional.

Já mencionei o que chamei de categoria de continuidade ou *continuum* experiencial. Esse princípio está envolvido, conforme observei, em toda tentativa de discriminar as experiências de valor educativo das que não possuem tal valor. Pode parecer supérfluo dizer que essa discriminação é necessária não somente para criticar a educação tradicional, mas também para iniciar e conduzir um tipo diferente de educação. No entanto, é aconselhável insistir um pouco mais nessa necessidade. Suponho ser possível admitir com segurança que uma das coisas que deu força ao movimento progressivo foi o fato de ele parecer mais de acordo com o ideal democrático com o qual nosso povo está comprometido do que os métodos da escola tradicional que têm muito de autocrático. Outra coisa que também contribuiu para uma recepção favorável ao método progressivo foi a natureza mais humana de seus métodos em comparação a frequente rigidez dos métodos da escola tradicional.

Por que deveríamos dar preferência à educação humanista?

A questão que gostaria de levantar diz respeito a por que preferimos os métodos mais humanos e democráticos ao invés dos métodos rígidos e autocráticos. E quando digo "por que" me refiro às razões por preferi-los e não somente às *causas* que nos levam a essa preferência. Uma *causa* pode ser a de que fomos ensinados não só pela escola, mas pela imprensa, pelas tribunas, pelos palanques, pelas nossas assembleias legislativas que a democracia é a melhor de todas as instituições sociais. Tivemos que assimilar essa ideia a partir de tudo o que nos cerca, de tal forma que ela se tornou, por meio do hábito, parte de nossa estrutura mental e moral. Porém, causas similares levaram outras pessoas, em ambientes diferentes, a preferências bastante diversas – a preferir, por exemplo, o fascismo. A causa de nossa preferência não é a mesma coisa que a razão pela qual *deveríamos* preferi-la.

As organizações sociodemocráticas proporcionam uma melhor qualidade de experiência humana.

Não é meu propósito aqui entrar em detalhes sobre a razão, mas farei uma simples pergunta: Podemos encontrar qualquer razão que não estivesse, em última instância, relacionada à crença de que as organizações sociodemocráticas proporcionam uma melhor qualidade de experiência humana, consideravelmente mais acessíveis e proveitosas, do que as formas não democráticas e antidemocráticas da vida social? O princípio do respeito à liberdade individual e da decência e delicadeza nas relações humanas não se origina, afinal, da convicção de que tais coisas resultam da mais alta qualidade de experiência por parte de um grande número de pessoas do que de métodos de repressão, coerção ou força? A razão de nossa preferência não é acreditarmos que a consulta mútua e as convicções alcançadas pela persuasão possibilitam uma melhor qualidade de experiência do que a que pode ser obtida por qualquer grande quantidade de outras experiências?

A educação progressiva depende de métodos humanistas.

Se as respostas a essas perguntas forem afirmativas (e pessoalmente não vejo como justificarmos nossa preferência pela democracia e pela humanidade de outra forma), a principal razão para aceitar da educação progressiva, por acreditar e utilizar métodos humanistas e seus princípios democráticos, está no fato de haver sido feita uma discriminação entre valores inerentes a diferentes tipos de experiências.

Dessa forma, retorno ao princípio da continuidade da experiência como um critério de discriminação.

Os hábitos afetam a formação de atitudes.

No fundo, este princípio é o mesmo do hábito quando o *hábito* é interpretado biologicamente. A característica básica do hábito é a de que toda ação praticada ou sofrida em uma experiência modifica quem a pratica e quem a sofre, ao mesmo tempo em que essa modificação afeta, quer queiramos ou não, a qualidade das experiências subsequentes, pois, ao ser modificada pelas experiências anteriores, de algum modo, será outra a pessoa que passará pelas novas experiências. Assim entendido, o princípio do hábito se torna mais amplo do que a concepção comum de *um* hábito como o modo mais ou menos fixo de fazer coisas, embora essa concepção também esteja incluída como um de seus casos especiais. A concepção ampla de hábito envolve a formação de atitudes emocionais e intelectuais; envolve nossas sensibilidades básicas e nossos modos de receber e responder a todas as condições com as quais nos deparamos na vida. A partir desse ponto de vista, o princípio da continuidade da experiência significa que toda experiência tanto toma algo das experiências passadas quanto modifica de algum modo a qualidade das experiências que virão. Como diz o poeta,

> [...] toda experiência é um arco por onde resplandece esse mundo não viajado, cuja margem desaparece toda vez que me movo (ALFRED. Lord Tennyson. *Ulysses*, 1842, p. 19-21).

A continuidade da experiência opera de forma diferente em variadas circunstâncias, permitindo o crescimento.

Até agora, contudo, não temos base para a discriminação entre experiências. O princípio é de aplicação universal. Há *algum* tipo de continuidade em cada caso. É quando observamos as diferentes formas pelas quais a continuidade opera que encontramos a base da discriminação entre as experiências. Posso ilustrar o que isso significa com uma objeção que tem sido feita contra uma ideia que já expus anteriormente – especificamente, a ideia de que o processo educativo pode ser identificado como crescimento, quando compreendido nos termos de sua forma de gerúndio, *crescendo*.

Crescimento sem direção é suficiente?

Crescimento, ou crescendo no sentido de desenvolvendo, não só fisicamente, mas também intelectual e moralmente, é um exemplo do princípio da continuidade. A objeção feita é a de que o crescimento pode tomar muitas diferentes direções: um homem, por exemplo, que comece a roubar pode crescer nessa direção e, pela prática, tornar-se um exímio ladrão. Dessa forma, argumenta-se que o "crescimento" não é suficiente; devemos especificar também a sua direção, a sua tendência final. Antes, contudo, de decidirmos que a objeção é conclusiva, devemos analisar um pouco mais o caso.

Independentemente da direção, crescimento está conectado com educação.

Não há dúvida de que um homem pode crescer e aumentar sua eficiência como um ladrão, como um mafioso, como um político corrupto. Mas do ponto de vista do crescimento como educação e da educação como crescimento, a questão é se o crescimento nessa direção promove ou atrasa o crescimento em geral. Essa forma de crescimento cria condições para crescimentos subsequentes ou estabelece condições que impedem a pessoa que cresceu nessa direção específica de ter acesso a situações, estímulos e oportunidades para continuar crescendo em outras direções? Qual o efeito do crescimento em uma direção especial sobre as atitudes e hábitos capazes de abrir caminhos para outras direções? Deixarei que respondam a tais perguntas dizendo apenas que somente, e tão somente, quando o crescimento em uma direção particular conduz ao crescimento contínuo, ele satisfaz ao critério de educação como crescimento, pois o conceito deve ter aplicação universal e não especializada e limitada.

Educação cria escolha.

Retomo agora a questão da continuidade como um critério para fazer a discriminação entre experiências educativas e experiências deseducativas. Como vimos, em cada caso há algum tipo de continuidade já que cada experiência afeta para melhor ou para pior as atitudes que contribuem para a qualidade das experiências subsequentes, estabelecendo certas preferências e aversões, tornando mais fácil ou mais difícil agir nessa ou naquela direção. Além disso, toda experiência exerce, em algum grau, influência sobre as condições objetivas sob as quais novas experiências ocorrem. Por exemplo, uma criança que aprende a falar tem novas facilidades e novos desejos. Mas ela tem também ampliada suas condições externas de aprendizagens subsequentes. Ao aprender a ler, um novo meio de oportunidades igualmente se abre para ela. Se uma pessoa decide ser um professor, um advogado, um médico, um corretor de valores, ao pôr em prática sua intenção, ela, dessa forma, necessariamente limita o ambiente em que irá atuar no futuro. A pessoa se torna mais sensível e responsiva a certas condições, e relativamente imune a coisas que lhe poderiam ser estimulantes, se ela tivesse feito outra escolha.

Indulgência excessiva pode afetar negativamente a educação.

Porém, enquanto o princípio da continuidade se aplica, de alguma forma, a todos os casos, a qualidade da experiência presente influencia o *modo* como o princípio se aplica. Falamos em excesso de indulgência e em crianças sem limite. O efeito do excesso de indulgência para com uma criança é contínuo, criando uma atitude que opera como um mecanismo automático que exige que pessoas e objetos atendam aos seus desejos e caprichos no futuro. Faz com que a criança busque por tipos de situação que a possibilitem fazer o que gostaria de fazer no momento, mostrando-se adversa a situações que requeiram esforço e perseverança para superar obstáculos e tornando-a, assim, relativamente incapaz de enfrentar tais situações. Não há paradoxo no fato de que o princípio da continuidade da experiência possa operar isolando a pessoa em um baixo nível de desenvolvimento, de forma a limitar posteriormente sua capacidade de crescimento.

O educador deve apresentar direção e desafio.
Por outro lado, se uma experiência desperta a curiosidade, fortalece a iniciativa e dá origem a desejos e propósitos suficientemente intensos para levar a pessoa, no futuro, a lugares além de seus limites, a continuidade funciona de uma maneira bastante diferente. Toda experiência é uma força em movimento. Seu valor só pode ser julgado com base em para que e em para onde ela se move. A grande maturidade da experiência de um adulto como educador o coloca na posição de poder avaliar cada experiência dos mais jovens de uma forma que os que têm menos experiência não o podem fazer. Sua tarefa como educador é, portanto, ver em que direção caminha uma experiência. Não haveria importância em ser mais

maduro se, ao invés de usar sua maior capacidade de percepção para ajudar a organizar as condições da experiência dos menos maduros, ele desperdiçasse essa sua capacidade de percepção. O fracasso na consideração da força do movimento de uma experiência de modo a poder avaliá-la e direcioná-la como base no sentido em que ela se encaminha significa deslealdade ao próprio princípio da experiência. A deslealdade opera de dois modos. O educador não compreende o que deveria ter obtido por meio de suas próprias experiências passadas e também não acredita no fato de que toda experiência humana é fundamentalmente social, ou seja, envolve contato e comunicação. Em termos morais, a pessoa madura, em certas ocasiões, não tem o direito de sonegar aos mais jovens a capacidade de compreensão compatível com o que sua própria experiência lhe proporcionou.

O educador deve equilibrar controle externo com crescimento positivo.

No entanto, tão logo estas coisas são colocadas, surge, então, a tendência a uma reação que leva a uma posição extremamente oposta que considera o que foi dito como um apelo a uma forma disfarçada de imposição feita de fora para dentro. É válido, portanto, dizer algo sobre a maneira como o adulto pode exercer a sabedoria que sua experiência mais ampla lhe dá, sem impor um controle meramente externo. Por um lado, é sua tarefa estar alerta para ver quais atitudes e tendências de hábito estão sendo criadas. Nesse sentido, ele deve, como educador, ser capaz de avaliar quais atitudes realmente conduzem ao crescimento contínuo e quais lhe são prejudiciais. Além disso, ele deve possuir aquela compreensão e simpatia pelos indivíduos enquanto indivíduos que o possibilitem ter uma ideia do que está realmente se passando pela mente dos que estão aprendendo. Entre outras coisas, é a necessidade dessas habilidades em pais e professores que faz com que um sistema educacional baseado em experiências de vida seja mais difícil de ser conduzido com sucesso do que o sistema que segue os padrões da educação tradicional.

A experiência depende das condições externas.

Porém, há um outro aspecto da questão. A experiência não se processa simplesmente no interior da pessoa. É certo que lá se processa, pois influencia na formação de atitudes, de desejos e de propósitos, mas essa não é toda a história. Toda experiência genuína tem um lado ativo que, de algum modo, muda as condições objetivas em que se passam as experiências. A diferença entre a civilização e o estado selvagem, para dar um exemplo em larga escala, se encontra no grau em que experiências prévias mudaram as condições objetivas em que se passam as experiências subsequentes. A existência de estradas, meios de deslocamento rápido e transporte, de ferramentas, utensílios, mobiliário, luz e força elétricas, ilustram o exemplo dado. Se fossem destruídas as condições externas da experiência civilizada presente, nossa experiência regrediria, pelo menos por um tempo, ao mesmo nível dos povos primitivos.

O ambiente afeta as experiências educacionais.
Em outras palavras, vivemos do nascimento à morte em um mundo de pessoas e coisas que, em grande medida, é o que é por causa do que vem sendo feito e transmitido a partir de atividades humanas anteriores. Quando esse fato é ignorado, a experiência é tratada como algo que se passa exclusivamente dentro do corpo e da mente de um indivíduo. Não deveria ser necessário dizer que a experiência não ocorre em um vácuo. Há elementos fora do indivíduo que dão origem às experiências

que são constantemente alimentadas por esses elementos. Ninguém questionaria o fato de que uma criança que mora em uma favela tem uma experiência diferente de uma criança que mora em um lar de uma família de classe média culta; que a criança da zona rural tem um tipo de experiência diferente em relação ao tipo de experiência da criança da zona urbana, ou que um menino do litoral tem experiências diferentes das de um menino do sertão. Normalmente, todos esses fatos são tidos como demasiadamente óbvios para serem levados em consideração. Porém, quando sua importância em termos educacionais é reconhecida, eles indicam o segundo modo como o educador pode direcionar a experiência dos mais jovens sem lançar mão da imposição. Uma responsabilidade fundamental do educador não é apenas estar atento ao princípio geral de que as condições ambientais modelam a experiência presente, mas também reconhecer concretamente que as circunstâncias ambientais conduzem a experiências que levam ao crescimento. Acima de tudo, o educador deve saber como utilizar as circunstâncias físicas e sociais existentes, delas extraindo tudo o que possa contribuir para a construção de experiências válidas.

A educação tradicional não se voltou para o mundo mais amplo.

A educação tradicional não teve que enfrentar tal problema; pôde ignorar sistematicamente essa responsabilidade. O ambiente escolar de carteira, quadro-negro e um pequeno pátio era considerado suficiente. Não havia exigência de que o professor conhecesse intimamente as condições físicas, históricas, econômicas, ocupacionais etc. da comunidade local a fim de utilizá-las como recursos educacionais. Um sistema educacional baseado na necessária conexão entre educação e experiência, se fiel aos seus princípios, deve, ao contrário, levar todas essas coisas em consideração constantemente. Essa cobrança feita ao educador é outra razão que faz com que a educação progressiva seja sempre mais difícil de ser conduzida do que o sistema tradicional.

Condições objetivas podem ser subordinadas a experiências internas.

É possível estruturar esquemas de educação que, sistematicamente, subordinem as condições objetivas às condições próprias do indivíduo a ser educado. Isso acontece toda vez que o lugar e a função do professor, dos livros, dos aparelhos e equipamentos, de tudo o que representa os produtos da experiência mais madura dos adultos são sistematicamente subordinados às inclinações imediatas e aos sentimentos dos jovens. Toda teoria que assume que só é possível dar a devida importância aos fatores objetivos pela imposição do controle externo tem como base a noção de que a experiência só é verdadeira quando as condições objetivas estão subordinadas ao que ocorre no interior dos indivíduos que passam pela experiência.

Condições temporárias podem determinar todo o processo educacional.

Não quero dizer com isso que as condições objetivas supostamente possam desaparecer. É sabido que elas fazem parte da experiência: muita concessão é feita ao inescapável fato de que vivemos em um mundo de coisas e pessoas. Porém, penso que a observação do que ocorre em algumas famílias e em algumas escolas revela que alguns pais e alguns professores estão agindo com base na ideia de *subordinação* das condições objetivas às condições internas. Nesse caso, não só se está admitindo que as últimas são principais, o que em certo sentido são, mas que, assim como elas temporariamente existem, elas fixam todo o processo educacional.

Pais responsáveis proporcionam ordem para as necessidades de uma criança.

Deixem-me ilustrar com o caso de uma criança. As necessidades que um bebê tem de comida, descanso e atividades são certamente fundamentais e decisivas em certo aspecto. A criança deve ser alimentada, deve ter condições confortáveis para dormir etc. Porém, isso não significa que os pais devam alimentá-lo toda vez que ele estiver nervoso ou irritado, de modo que não se possa estabelecer uma programação de horas regulares para a alimentação, o sono etc. A mãe inteligente leva em consideração as necessidades da criança, mas não de maneira a dispensar sua própria responsabilidade de regular as condições objetivas com base nas quais as necessidades são satisfeitas. E se ela for uma mãe esclarecida nesse sentido, buscará nas experiências passadas de especialistas, bem como em suas próprias experiências, a luz que a orientará em relação às experiências que conduzem as crianças a um desenvolvimento normal. Ao invés dessas condições serem subordinadas às condições internas imediatas do bebê, elas são ordenadas definitivamente, de forma que um tipo particular de *interação* com esses estados internos imediatos seja viabilizada.

A interação respeita tanto as condições internas como as condições objetivas.

A palavra "interação", que acabou de ser usada, expressa o segundo princípio fundamental para interpretar uma experiência em sua função e força educacionais. Esse princípio atribui direitos iguais a ambos os fatores da experiência – condições objetivas e condições internas. Qualquer experiência normal é um intercâmbio entre esses dois grupos de condições. Consideradas em conjunto, ou em interação, formam o que chamamos de *situação*. O problema da educação tradicional não foi enfatizar as condições externas que entram no controle das experiências, mas dar tão pouca atenção aos fatores internos que também decidem o tipo de experiência que se tem. Por um lado, isso viola o princípio da interação. Porém, tal violação não é motivo para que a nova educação viole o mesmo princípio por um outro lado – exceto com base na filosofia educacional dos extremos, do *ou isso ou aquilo*, que já foi mencionada.

Conhecimento e orientação ampliam a liberdade.

A ilustração apresentada quanto à necessidade de regular as condições objetivas do desenvolvimento de um bebê indica, primeiro, que os pais têm a responsabilidade de organizar as condições sob as quais ocorre a experiência de uma criança com alimentação, sono etc., e, segundo, que se cumpre tal responsabilidade utilizando-se a experiência fundada no passado, representada, digamos, pela orientação de médicos competentes e de outros que tenham feito um estudo especial do crescimento físico normal. A liberdade da mãe é limitada quando ela usa o corpo de conhecimento disponível para regular as condições objetivas de alimentação e sono? Ou a ampliação de sua inteligência no cumprimento de sua função maternal aumenta sua liberdade? Sem dúvida, se as orientações e direções fossem consideradas como algo sobrenatural, elas se tornariam ordens inflexíveis a serem seguidas sob qualquer condição possível, ocorrendo, então, a restrição da liberdade tanto da mãe como do bebê. Porém, essa restrição seria também uma limitação da inteligência que é exercida no julgamento pessoal.

A liberdade depende do desenvolvimento contínuo da experiência.

Em que aspecto a regulação das condições objetivas limita a liberdade do bebê? Certamente ocorrem algumas limitações quanto a seus movimentos e inclinações imediatos se ele é posto no berço quando quer continuar brincando, quando não recebe o alimento no momento que o quer ou quando não é carregado e mimado no momento que pede atenção. A restrição também ocorre quando a mãe ou a babá o segura para que ele não caia. Adiante falarei mais sobre liberdade. Por enquanto é suficiente perguntar se a liberdade deve ser pensada e julgada com base em incidentes relativamente momentâneos ou se seu significado se encontra na continuidade da experiência em desenvolvimento.

Situações e modos de interação são inseparáveis.

A afirmação de que os indivíduos vivem em um mundo significa, concretamente, que eles vivem em uma série de situações. E quando dizemos que eles vivem *em* uma série de situações, o significado da palavra *em* é diferente do seu significado quando dizemos que as moedas estão "em" um bolso ou que a tinta está "em" uma lata. Isso significa, mais uma vez, que está ocorrendo interação entre um indivíduo, objetos e outras pessoas. Os conceitos de *situação* e *interação* são inseparáveis um do outro. Uma experiência é sempre o que é por causa de uma transação acontecendo entre um indivíduo e o que, no momento, constitui seu ambiente. Se esse ambiente consiste em pessoas com as quais ele esteja conversando sobre algum tópico ou acontecimento, o assunto da conversa também faz parte da situação; ou os brinquedos com os quais esteja brincando; o livro que esteja lendo (cujas condições ambientais no momento podem ser a Inglaterra, ou a Grécia antiga, ou uma região fictícia); ou o material de um experimento que estiver testando. O ambiente é, em outras palavras, quaisquer condições em interação com necessidades pessoais, desejos, propósitos e capacidades de criar a experiência que se está passando. Mesmo quando uma pessoa constrói um castelo no ar, ela está interagindo com os objetos que constrói em sua fantasia.

Continuidade e interação determinam a experiência.

Os dois princípios de continuidade e interação não se separam um do outro. Eles se interceptam e se unem. São, por assim dizer, os aspectos longitudinal e lateral da experiência. Diferentes situações sucedem umas às outras. Porém, por causa do princípio da continuidade, algo é levado de uma situação anterior para outra posterior. Conforme um indivíduo passa de uma situação para outra, seu mundo, seu ambiente, se expande ou se contrai. Ele não passa a viver em outro mundo, mas em uma parte ou aspecto diferente de um mesmo mundo. O que ele aprendeu no processo de aquisição de um conhecimento ou habilidade em uma determinada situação torna-se um instrumento para compreender e lidar com a situação posterior. O processo continua enquanto a vida e a aprendizagem continuarem. Ao contrário, quando o fator individual que constitui a experiência se rompe, a experiência fica desordenada e o mundo se divide. Um mundo dividido, um mundo cujas partes e aspectos não se unem é, ao mesmo tempo, sintoma e causa de uma personalidade dividida. Ao atingir determinado ponto de divisão, chamamos a pessoa de insana. Por outro lado, uma personalidade completamente integrada só existe quando sucessivas experiências são integradas umas às outras, possibilitando a construção de um mundo de objetos relacionados entre si.

Continuidade e interação proporcionam a medida do valor da experiência.

A união ativa entre continuidade e interação proporciona a medida da importância e do valor educativo de uma experiência. A preocupação direta e imediata de um educador é, então, com as situações em que a interação se processa. O indivíduo, que constitui um dos fatores dessa interação, é o que ele é em um determinado momento. Outro fator são as condições objetivas que, até certo ponto, podem ser reguladas pelo educador. Como já foi mencionado, o termo "condições objetivas" compreende inúmeras coisas. Nele se inclui o que é feito e como é feito pelo educador: não só as palavras faladas, mas o tom de voz em que são faladas; equipamentos, livros, aparelhos, brinquedos e jogos; materiais com os quais os indivíduos interagem e, acima de tudo, a ampla organização social na qual uma pessoa está envolvida.

Os educadores tradicionais não consideram as necessidades e capacidades individuais dos alunos.

Quando se diz que as condições objetivas são aquelas que estão sob o poder de regulação do educador, isso significa, obviamente, que sua habilidade de influenciar diretamente a experiência dos outros e, por meio disso, a educação desses indivíduos faz com que os educadores se tornem responsáveis pela determinação do ambiente que, em interação com as necessidades e capacidades de seus alunos, criará uma experiência educativa válida. O problema da educação tradicional não foi o fato de os educadores serem responsáveis por proporcionar o ambiente, mas o de não levarem em consideração a capacidade e os propósitos de seus alunos. Partiam da pressuposição de que certas condições eram intrinsecamente desejáveis, independentemente de serem capazes de estimular certa qualidade de resposta nos indivíduos. Esta falta de adaptação mútua tornava o processo de ensino-aprendizagem acidental. Aqueles que se ajustavam às condições oferecidas conseguiam aprender. Os demais se viravam da melhor forma que podiam. Sendo assim, a responsabilidade de selecionar condições objetivas traz como consequência a responsabilidade de compreender as necessidades e capacidades daqueles que estão aprendendo em um determinado momento. Não é suficiente que certos materiais e métodos tenham sido eficientes com outros indivíduos em outras ocasiões. Deve haver uma razão para se acreditar que certos materiais e métodos funcionarão na produção de uma experiência que tenha qualidade educativa com determinados indivíduos em determinado tempo.

O valor educacional não é abstrato, ele deve atender às necessidades do aprendiz.

Não é por duvidar de sua qualidade nutritiva que não alimentamos um bebê com um rosbife. Não é por mera prevenção contra a trigonometria que não a ensinamos nas primeiras séries do Ensino Fundamental. Não é a matéria *per se* que é educativa ou que conduz ao crescimento. Não há matéria que por si só possua um valor educativo intrínseco. Somente quando relacionada ao estágio de desenvolvimento de quem aprende é que é possível atribuir à matéria um valor educativo. A falha por não levar em conta a adaptação às necessidades e capacidades dos indivíduos deu origem à ideia de que certas matérias e certos métodos são intrinsecamente culturais e bons para a disciplina mental. Não há valor educativo em abstrato. A noção de que algumas matérias e métodos, bem como o conhecimento de certos fatos e verdades, possuem valor educacional por si e em si mesmos é que fizeram com que a educação tradicional reduzisse as matérias curriculares, de modo geral, a uma dieta de matérias pré-digeridas. De acordo com essa noção, era suficiente regular a quantidade e a dificuldade das matérias oferecidas em um esquema de dosagem quantitativa mensal e anual. Esperava-se que os alunos, por sua vez, tomassem as doses conforme prescritas. Se, ao invés de aceitar tais doses, o aluno se ausentasse física ou mentalmente do ambiente escolar e, dessa forma, construísse um sentimento de rejeição à matéria, a falta seria atribuída a ele. Não se questionava se a causa da falha não estaria na matéria ou na forma como era ministrada. O princípio da interação deixa claro que a falha de adaptação tanto das matérias às necessidades e capacidades dos indivíduos quanto dos indivíduos às matérias pode tirar o valor educativo de uma experiência.

Toda experiência deve preparar o aluno para uma experiência futura.

Por sua vez, o princípio da continuidade, quando aplicado à educação, significa que o futuro tem que ser considerado em cada estágio do processo educativo. Essa ideia é facilmente malcompreendida e terrivelmente distorcida na educação tradicional. A perspectiva tradicional acredita que adquirindo certas habilidades e aprendendo certas matérias que seriam mais tarde necessárias (talvez na universidade ou na vida adulta) os alunos estarão sendo naturalmente preparados para as necessidades e circunstâncias do futuro. Atualmente, "preparação" é uma ideia traiçoeira. Em certo sentido, toda experiência deveria fazer algo para preparar uma pessoa para experiências posteriores de qualidade mais ampla e mais profunda. Esse é o sentido próprio de crescimento, continuidade, reconstrução da experiência. Porém, é um erro supor que a simples aquisição de certa quantidade de conhecimento de aritmética, geografia, história etc., que é ensinada e estudada porque pode ser útil em algum momento no futuro, tem seu efeito. Assim como é também um erro supor que a aquisição de habilidades para ler e desenhar constituirá automaticamente a preparação para seu uso correto e eficiente em condições bem diferentes daquelas em que tais habilidades foram adquiridas.

O ensino isolado não prepara os alunos para as experiências no mundo real.

Quase todos nós já tivemos a oportunidade de recordar os dias de escola e de nos perguntar o que foi feito do conhecimento que deveríamos ter acumulado durante aquele tempo e por que tivemos que aprender de forma diferente as habilidades técnicas que adquirimos para podermos alcançar nossa capacidade atual. Certamente tem sorte aquele que não precisou desaprender o que aprendeu na escola para progredir profissional e intelectualmente. Tais questões não podem ser descartadas com a afirmação de que as matérias não foram realmente aprendidas. Tanto foram que, no mínimo, tornaram o aluno apto a passar nos exames referentes a ela. O problema é que a matéria em questão foi aprendida isoladamente; ela foi colocada, por assim dizer, em um compartimento fechado. Quando se pergunta o que foi feito do que se aprendeu ou para onde foi o que se aprendeu, a resposta correta é que ainda está lá, no compartimento fechado em que foi originalmente armazenado. Se as mesmas condições em que foi adquirido se repetissem, ele reapareceria e se tornaria disponível novamente. Porém, tal conhecimento foi segregado quando foi adquirido e, por isso, está tão desconectado do resto da experiência que não fica disponível diante das reais condições da vida. É tão incoerente com as leis da experiência que aprendizados desse tipo, independente do quanto esteja relacionado ao momento em que ocorre, não proporciona uma preparação verdadeira.

Aprendizagens paralelas podem ser mais importantes do que a própria lição que se pretende ensinar.

Não se encerra neste ponto a falha quanto à compreensão do que seja preparação. Talvez a maior de todas as falácias pedagógicas seja a noção de que uma pessoa aprenda especificamente apenas o que está estudando em determinado momento. Aprendizagens paralelas durante a formação de atitudes permanentes, como as de gostar e não gostar de alguma coisa, podem ser, e com muita frequência são, muito mais importantes do que a lição de ortografia, de geografia ou de história, pois são essas atitudes que fundamentalmente contarão no futuro. A mais importante atitude a ser formada é a do desejo de continuar aprendendo. Se o impulso nessa direção for enfraquecido, ao invés de intensificado, o que ocorrerá é apenas um pouco mais do que a simples falta de preparação. Na realidade, é tirada do aluno a sua capacidade inata de aprender que, acima de tudo, o torna capaz de enfrentar as circunstâncias naturais no curso de sua vida. Frequentemente conhecemos pessoas para as quais a pouca escolaridade é, na realidade, um aspecto positivo. No mínimo, essas pessoas foram capazes de manter seu senso comum natural, bem como seu poder de julgamento, e, ao exercitá-los nas condições reais da vida, desenvolveram a habilidade de aprender com suas próprias experiências. De que vale obter certa quantidade prescrita de informação sobre geografia e história;

conquistar a habilidade de ler e escrever, se nesses processos o indivíduo perde sua própria alma: perde sua capacidade de apreciar o que realmente tem valor; de perceber o valor relativo das coisas; perde o desejo de aplicar aquilo que aprendeu e, acima de tudo, perde a habilidade de dar sentido as suas experiências futuras conforme elas ocorrem?

Preparação significa ajudar o aluno a experimentar tudo aquilo para o que ele já é capaz.

Qual é, então, o verdadeiro significado de preparação no esquema educacional? Em primeiro lugar, significa que a pessoa, seja jovem ou adulto, extrai para si de sua experiência presente tudo o que nela há no momento em que a vivencia. Quando se perde o controle da preparação, as potencialidades do presente são sacrificadas pelas de um suposto futuro. Quando isso acontece, a verdadeira preparação para o futuro se perde ou é distorcida. O ideal de usar o presente simplesmente para se preparar para o futuro contradiz a si mesmo. Tal ideal omite, e até mesmo impede, as próprias condições para que a pessoa possa se preparar para o seu futuro. Sempre vivemos o tempo em que estamos e não algum outro tempo, e é só extraindo de cada tempo presente o sentido completo de cada experiência presente que estaremos preparados para fazer o mesmo no futuro. Essa é a única preparação que realmente conta ao longo da vida.

O cuidado atento demanda uma experiência positiva na preparação para necessidades futuras.

Tudo isso significa que é preciso dedicar um cuidado especial às condições que dão um sentido válido às experiências presentes. Ao invés de inferir que não faz muita diferença o que é a experiência presente com tanto que seja agradável, o que se deve pensar é exatamente o contrário. Esse é outro ponto em que é fácil reagir indo de um extremo a outro. Como a escola tradicional tinha a tendência de sacrificar o presente em função de um futuro remoto e mais ou menos desconhecido, passou-se a acreditar que o educador tem pouca responsabilidade em relação às experiências presentes as quais os jovens se submetem. Porém, a relação do presente com o futuro não é uma questão de um ou outro extremo. De alguma maneira, o presente sempre afeta o futuro. As pessoas que deveriam ter alguma ideia dessa conexão entre o presente e o futuro são as que já alcançaram a maturidade. Consequentemente, recai sobre essas pessoas a responsabilidade de estabelecer as condições adequadas ao tipo de experiências presentes que produza um efeito favorável sobre o futuro. A educação, como crescimento ou amadurecimento, deve ser um processo contínuo e sempre presente.

IV

Controle social

Desenvolver escolas com base na experiência de vida requer uma compreensão da experiência. Já mencionei que planos e projetos educacionais que consideram a educação em termos de experiência de vida estão, consequentemente, comprometidos com a formulação e com a adoção de uma teoria inteligente ou, se me permitem dizer, com uma filosofia da experiência. Caso contrário, seus planos e projetos estarão à mercê de qualquer brisa intelectual que vier a soprar. Tentei ilustrar a necessidade de tal teoria chamando atenção para dois princípios que são fundamentais na constituição da experiência: os princípios da interação e da continuidade. Portanto, se me estendi demais expondo uma filosofia particularmente abstrata, é porque as tentativas práticas de desenvolver escolas com base na ideia de que a educação se encontra na experiência de vida estão fadadas a apresentar inconsistências e confusões, a não ser que sejam orientadas por alguma concepção do que é experiência e saibam distinguir a experiência educativa da não educativa e até mesmo da deseducativa. Lanço agora o meu olhar sobre algumas questões reais sobre a educação cuja discussão eu espero que proporcione tópicos e materiais mais concretos do que as que discutimos até aqui.

Continuidade e interação estão tão fortemente conectadas que é difícil escolher qual delas examinar primeiro.

Os princípios da continuidade e da interação, enquanto critérios de valor da experiência, estão tão intimamente conectados que não é fácil dizer qual problema educacional em particular devemos examinar primeiro. Até mesmo a conveniente divisão entre problemas de matérias ou conteúdos curriculares e de métodos de ensino e de aprendizagem não nos impediriam de cometer equívocos na seleção e organização de tópicos a serem discutidos. Consequentemente, o começo e a sequência dos tópicos são, de alguma maneira, abstratos. Eu começarei, contudo, com a velha questão sobre liberdade individual e controle social e, em seguida, passarei para as questões que surgem naturalmente a partir dela.

O controle social não necessariamente restringe a liberdade individual.

No que diz respeito a problemas educacionais, muitas vezes é melhor começar ignorando a escola temporariamente para pensar em outras situações humanas mais gerais. Acredito que ninguém pode negar que o bom cidadão comum está, de fato, sujeito a uma grande quantidade de controle social e que uma parte considerável desse controle não parece limitar sua liberdade pessoal. Mesmo o anarquista teórico, cuja filosofia o compromete com a ideia de que o controle do Estado ou do governo é absoluto e definitivo, acredita que com a abolição do Estado político outras formas de controle social entrariam em operação: na realidade, sua oposição à regulamentação governamental tem origem em sua crença de que outros modos mais normais de controle passariam a operar com a abolição do Estado.

Até mesmo os jogos infantis dependem de regras.

Sem levar em consideração essa posição extrema, vamos examinar alguns exemplos em que o controle social opera em nossa vida quotidiana e, então, buscar o princípio que os sustenta. Comecemos pelos próprios jovens e até mesmo pelas crianças. As crianças, durante o recreio ou depois das aulas, brincam com jogos, do pega-pega ao futebol. Os jogos envolvem regras e essas regras organizam o seu comportamento. Os jogos não se processam ao acaso ou por uma série de improvisações. Sem regras não há jogo. Se surge uma disputa, há um juiz para quem apelar, uma discussão ou um tipo de arbitragem como meio de se chegar a uma decisão; caso contrário o jogo é interrompido e finalizado.

Sem regras não há jogo.

Em tais situações, há certos aspectos bastante óbvios de controle para os quais quero chamar atenção. O primeiro é que as regras são parte do jogo. Elas não estão fora dele. Se não há regras, não há jogo; se as regras mudam, muda o jogo. Desde que o jogo se processe de forma justa, respeitando as regras, os jogadores não se sentirão submetidos a uma imposição externa, mas sentirão, na verdade, que estão jogando. Em segundo lugar, um indivíduo pode, em certos momentos, achar que uma decisão não é justa e pode até ficar zangado. Porém, sua objeção não é à regra, mas ao que julga ter sido uma violação à regra ou a alguma ação parcial ou injusta.

Em terceiro lugar, as regras, e, portanto, a condução do jogo, são bastante padronizadas. Existem métodos reconhecidos de contagem de pontos, de seleção de times, bem como de posições a serem tomadas, de movimentos a serem feitos etc. Essas regras e métodos são legitimados pela tradição e pela precedência. Aqueles que participam do jogo já viram, talvez, partidas profissionais e querem imitar os jogadores mais experientes. O elemento convencional possui muita força. Geralmente, um grupo de jovens só muda as regras do que estão jogando quando o grupo mais experiente que tomam como modelo já mudou as regras anteriormente. Supostamente, as mudanças feitas pelos mais experientes, no mínimo, aprimorarão o jogo e o tornarão mais interessante para os espectadores.

A situação controla as reações individuais e assegura a justiça.

Portanto, a conclusão geral a que posso chegar é que o controle das ações individuais é afetado por toda a situação em que os indivíduos estão envolvidos e da qual são partes cooperativas ou em interação. Mesmo em um jogo de competição há um certo tipo de participação em que uma experiência comum é compartilhada. Se olharmos por outra perspectiva, aqueles que participam de um jogo não se sentem sob o comando de uma pessoa em particular ou que estão sujeitos aos desejos de uma pessoa superior a eles. Quando surgem disputas violentas, geralmente elas têm como base alegações de que o juiz ou alguém do time adversário está sendo injusto, em outras palavras, na base de alegações de que alguém está tentando impor sua vontade sobre os demais.

A comunidade estabelece a ordem.

Pode parecer que se está colocando muito peso em um caso específico para argumentar que esse exemplo do jogo ilustra o princípio geral do controle social de indivíduos sem a violação da liberdade. Porém, se examinarmos outros casos veremos que a generalização a partir do exemplo dado se justifica. Se tomarmos como exemplo as atividades cooperativas em que todos os membros de um grupo participam, como no caso de uma vida familiar bem-organizada na qual existe confiança mútua, a questão se torna ainda mais clara. Em todos esses casos, não é a vontade ou o desejo de uma única pessoa que estabelece a ordem, mas sim o espírito dominante em todo o grupo. O controle é social, mas os indivíduos são parte de uma comunidade e não elementos fora dela.

Até mesmo pais e professores exercem autoridade para o bem de todo o grupo.

Não quero dizer com isso que em determinadas ocasiões a autoridade, por exemplo, dos pais não deva intervir e exercer um controle direto. O que quero dizer é que, em primeiro lugar, essas ocasiões são raras quando comparadas àquelas em que o controle é exercido por situações em que todos participam. Mais importante ainda é o fato de que a autoridade em questão, quando exercida no âmbito de uma vida familiar organizada ou de qualquer outro grupo comunitário, não é uma manifestação de um simples desejo pessoal; pais e professores exercem sua autoridade como representantes e agentes dos interesses de um grupo como um todo. Em uma escola bem-organizada a principal segurança para o controle de um ou outro indivíduo se dá no transcorrer de atividades e em situações criadas para que essas atividades transcorram normalmente. O professor reduz ao mínimo as ocasiões em que tem que exercer autoridade de modo pessoal. Quando se faz necessário falar e agir com firmeza, isso é feito em benefício do interesse de todo o grupo, não como uma exibição pessoal de poder. Isso faz a diferença entre uma ação arbitrária e uma ação justa e necessária.

Até as crianças aceitam um líder, contanto que ele não seja um ditador.

Além disso, não é necessário que essa diferença seja formulada em palavras, pelo professor ou pelo aluno, para que seja sentida na experiência. É pequeno o número de crianças que não sentem (ainda que não possam articulá-la e a reduzam a um princípio intelectual) a diferença entre a ação motivada pelo poder pessoal e o desejo de impor ordens e a ação justa, voltada para o interesse de todos. Eu diria até que, de modo geral, as crianças são mais sensíveis aos sinais e sintomas dessa diferença do que os adultos. As crianças aprendem essa diferença brincando umas com as outras. Normalmente as crianças são receptivas, até demasiadamente receptivas, às sugestões de outra criança e dispostas a deixá-la ser líder se sua conduta enriquece o valor da experiência em que estão envolvidas. Por outro lado, rejeitam qualquer tentativa de imposição. Nesses casos, geralmente abandonam a atividade e quando perguntamos o porquê de terem agido assim, respondem que é porque "fulano" é muito mandão.

A escola tradicional não é uma comunidade.

Não desejo me referir à escola tradicional de forma que dela seja feita uma caricatura ao invés de um retrato. Mas acho justo afirmar que o fato de a autoridade pessoal do professor desempenhar nela um papel tão exagerado, bem como o fato de a ordem estabelecida ser muito mais uma questão de pura obediência à vontade de um adulto, são resultados da situação praticamente imposta ao professor. A escola não era um grupo ou uma comunidade unida pela participação em atividades comuns. Consequentemente, faltavam as condições normais, próprias para o controle. Essa ausência de condições era compensada – tinha, em grande parte, que ser compensada – pela intervenção direta do professor que, como se dizia, "mantinha a ordem". O professor mantinha a ordem porque ela estava sob sua responsabilidade, ao invés de resultar do trabalho compartilhado por todos.

Escolas novas dependem de um sentido de comunidade.

Conclui-se, portanto, que nas chamadas escolas novas o principal recurso de controle social reside na própria natureza do trabalho que é feito como uma organização social na qual todos os indivíduos têm a oportunidade de contribuir e pelo qual todos se sentem responsáveis. A maioria das crianças é naturalmente "sociável". O isolamento é ainda mais entediante para elas do que para os adultos. Uma vida comunitária verdadeira tem como base essa sociabilidade natural. Porém, a vida comunitária não se organiza por si mesma, de forma permanente e puramente espontânea. Ela requer reflexão e planejamento prévio. O educador é responsável pelo conhecimento de indivíduos e de matérias que possibilitarão a seleção de atividades que contribuem para a organização social em que todos os indivíduos têm a oportunidade de participar de alguma maneira, sendo as próprias atividades compartilhadas o principal elemento de controle.

Regras e controle social não podem depender daqueles que não participam em atividades de aprendizagem.

Não sou tão romântico em relação à infância e à juventude a ponto de achar que todos, ou que toda criança normalmente com fortes impulsos, responderão sempre e em toda ocasião. Provavelmente, existem alunos que já chegam à escola como vítimas de condições de injustiça fora do ambiente escolar, o que os tornou mais passivos e indevidamente complacentes a ponto de não poderem contribuir. Existem outros que, devido a experiências anteriores, são pretensiosos, indisciplinados e, talvez, completamente rebeldes. Porém, é certo que o princípio geral do controle social não pode se basear em tais casos. É também verdade que nenhuma regra geral pode ser determinada para lidar com casos como esses. O professor tem que lidar com cada um desses casos individualmente. Apesar de constituírem um grupo geral, nenhum caso é exatamente igual ao outro. O educador tem que descobrir, da melhor forma possível, quais as causas individuais das atitudes de rebeldia. Considerando-se que o processo educativo deve prosseguir, o educador não pode fazer disso uma questão de confronto, colocando um contra o outro para ver quem é o mais forte, nem permitir que os alunos que não participam se tornem obstáculos para o desenvolvimento das atividades dos demais. Em certas situações, talvez a exclusão seja a única medida possível, mas não é a solução. A exclusão pode fortalecer a necessidade de chamar atenção e o exibicionismo que são as verdadeiras causas de atitudes antissociais indesejáveis.

A dificuldade de controle nas escolas progressivas surge do pouco planejamento e não de crianças difíceis de lidar.

Raramente as exceções comprovam uma regra ou dão pistas do que deveria ser uma regra. Não darei, portanto, tanta importância a esses casos excepcionais, embora seja verdade que, atualmente, eles sejam muito mais comuns do que se espera nas escolas progressivas, na medida em que os pais escolhem tais escolas para seus filhos como um último recurso. Não acredito, no entanto, que, quando ocorrem falhas no controle das escolas progressivas, elas sejam resultantes de situações provocadas por esses casos excepcionais. É mais provável que essas falhas surjam da falta de planejamento prévio do tipo de trabalho (ou seja, de qualquer tipo de atividade que se esteja envolvido) que criará situações que, por si próprias, tendem a exercer o controle sobre o que os alunos fazem e como fazem. Portanto, a maioria das falhas no controle remete à falta de um planejamento suficientemente pensado com antecedência. As razões para essa falta de planejamento são bastante variadas. Uma razão particularmente importante de ser mencionada neste momento é a ideia de que o planejamento prévio é desnecessário e até mesmo essencialmente hostil à legítima liberdade daqueles que aprendem.

O educador deve planejar com flexibilidade e direcionamento.

É bem possível, claro, que o professor faça este plano preparatório de forma tão rígida e intelectualmente inflexível que ele acabe resultando em uma imposição que, mesmo sendo executado com cuidado e respeito à liberdade individual, se constitui como algo alheio e externo ao aluno. Mas esse tipo de planejamento não provém do princípio do qual estamos tratando. De nada adianta a maturidade do professor, bem como seu vasto conhecimento acerca das matérias e dos indivíduos se ele não os mobiliza para criar condições que conduzam à atividade comunitária e para a organização que exerça controle sobre impulsos individuais, pelo simples fato de todos estarem envolvidos em projetos coletivos. O fato de que, até o momento, tenha sido comum que os planejamentos dessa natureza não deixem espaço para o livre jogo do pensamento individual ou para contribuições específicas de cada experiência pessoal, não significa que todo e qualquer planejamento deva ser rejeitado. Ao contrário, é responsabilidade do educador o dever de instituir um tipo de planejamento mais inteligente e, consequentemente, mais difícil. O educador deve estudar as capacidades e necessidades do grupo particular de indivíduos com o qual ele está lidando e, ao mesmo tempo, deve organizar as condições que disponibilizem as matérias ou conteúdos de forma a proporcionar experiências que satisfaçam a essas necessidades e desenvolvam essas capacidades. O planejamento deve ser flexível o suficiente para permitir o livre jogo para a individualidade de experiência e, ainda assim, sólido o bastante para direcionar o contínuo desenvolvimento das capacidades dos alunos.

O professor age como um líder do grupo e não como um ditador.

Cabem, neste momento, algumas palavras sobre o papel e as atribuições do professor no exercício de sua profissão. O princípio de que o desenvolvimento da experiência é fruto da interação significa que a educação é um processo essencialmente social. Essa característica social da educação se concretiza na medida em que os indivíduos formam um grupo comunitário. É um absurdo excluir o professor, não reconhecendo sua participação como membro do grupo. Como o membro mais amadurecido do grupo, ele tem a responsabilidade especial de conduzir as interações e intercomunicações que constituem a própria vida do grupo enquanto comunidade. A ideia de que as crianças são indivíduos cuja liberdade deve ser vigiada, enquanto a pessoa mais amadurecida do grupo não deve ter liberdade enquanto indivíduo, é tão absurda que merece ser totalmente refutada. A tendência de excluir o professor de uma participação positiva como líder das atividades do grupo do qual ele é membro é outro exemplo de reação que leva de um extremo ao outro. Quando os alunos constituíam uma *turma* ao invés de um grupo social, o professor atuava, necessariamente, como um agente externo e não como aquele que direciona os processos de troca em que todos participam. Quando a educação tem como base a experiência e a experiência educativa é vista como um processo social, a situação muda radicalmente. O professor perde a sua posição de chefe externo ou ditador para ocupar a posição de líder das atividades do grupo.

Boas maneiras previnem atritos.

Na discussão sobre a condução de jogos como um exemplo de controle social natural foi feita referência à presença de um fator convencional padronizado em todos eles. O equivalente a esse fator na escola se encontra na questão das maneiras, especialmente as boas maneiras, na manifestação de polidez e cortesia. Quanto mais sabemos sobre costumes de diferentes partes do mundo em épocas distintas da história da humanidade, mais aprendemos o quanto as maneiras diferem de um lugar para outro, bem como de uma época para outra. Esse fato prova que nelas existe um grande fator convencional envolvido. Assim sendo, não há grupo, seja qual for o lugar ou época, que não possua algum código de conduta como, por exemplo, formas apropriadas de cumprimentar outras pessoas. A forma característica de uma determinada convenção não tem nada de fixo ou absoluto. Mas a existência de alguma convenção não é, em si mesma, uma convenção. Ela é, na verdade, um auxiliar uniforme de todas as relações sociais. Serve, no mínimo, como um óleo que previne ou reduz atritos.

Uma perceptível falta de boas maneiras em escolas progressivas indica a supremacia do aprendizado.

É possível, certamente, que essas formas sociais se tornem, como dizemos, "meras formalidades". Elas podem se tornar simples gestos exteriores sem nenhum significado. Porém, evitar formas ritualísticas vazias de intercurso social não significa a rejeição de todo e qualquer elemento formal. Ao contrário, indica a necessidade de desenvolver formas de intercurso que sejam inerentemente apropriadas às situações sociais. Muitas vezes, aqueles que visitam as escolas progressivas ficam chocados com a falta de maneiras com que se deparam. Quem conhece melhor a proposta dessas escolas sabe, no entanto, que, em grande medida, essa falta de maneiras se deve ao entusiasmo e interesse das crianças por aquilo que estão fazendo. Em seu entusiasmo elas podem, por exemplo, esbarrar umas nas outras, e até nos visitantes, sem pedir desculpas. Há quem possa afirmar que isso é bem melhor do que uma demonstração de simples formalidades externas acompanhadas de falta intelectual e emocional de interesse pelas atividades escolares. Porém, essa falta de boas maneiras, mesmo na escola progressiva, também representa falha na educação, uma falha no aprendizado de uma das mais importantes lições da vida que é a acomodação e a adaptação mútua entre as pessoas. Sem esse aprendizado, a educação passa a ser unilateral, formando atitudes e hábitos que dificultarão aprendizados futuros, na medida em que esses aprendizados resultam do fácil e pronto contato e comunicação com os outros.

V

A natureza da liberdade

A liberdade de inteligência é a única liberdade de importância permanente.

Apesar de correr o risco de repetir o que já foi dito, quero apresentar algumas observações sobre um outro lado do problema do controle social que diz respeito à natureza da liberdade. A única liberdade de importância permanente é a liberdade de inteligência, ou seja, a liberdade de observação e de julgamento exercida a partir de propósitos intrinsecamente válidos. O erro mais comum acerca da liberdade é, eu creio, identificá-la com liberdade de movimento, ou com o lado externo ou físico da atividade. Ora, esse lado externo e físico da atividade não pode ser separado do seu lado interno; da liberdade de pensamento, do desejo e do propósito. A limitação que foi imposta sobre as ações externas pelos arranjos rígidos da típica sala de aula tradicional, com suas fileiras de carteiras fixas e a arregimentação militar de seus alunos que só podiam se movimentar a partir de sinais estabelecidos de permissão, restringiam rigorosamente a liberdade moral e intelectual. Procedimentos similares a camisas de força e trabalhos forçados teriam que ser abolidos para que fossem criadas oportunidades para o crescimento da individualidade em um clima intelectual de liberdade, sem a qual não há garantia de um crescimento normal, contínuo e verdadeiro.

A liberdade de movimento permite uma compreensão da natureza dos participantes.

Porém, ainda persiste o fato de que o maior grau de liberdade de movimento externo é um *meio*, não um fim. Não se resolve o problema educacional quando esse aspecto da liberdade é obtido. No que diz respeito à educação, tudo depende, então, do que é feito dessa liberdade. Para que ela serve? Que consequências ela traz? Falarei primeiro das vantagens que potencialmente reside no maior grau de liberdade física ou exterior. Em primeiro lugar, sem sua existência é praticamente impossível para um professor conhecer os indivíduos com os quais ele está lidando. Silêncio forçado e aquiescência impedem os alunos de mostrarem sua real natureza e criam uma uniformidade artificial que coloca o *parecer* antes do *ser*. Há um prêmio para aqueles que preservam a aparência exterior de atenção, decoro e obediência. Todos os que conhecem esse tipo de escola sabem muito bem que, por trás dessa fachada, pensamentos, imaginações, desejos e distrações seguem seu curso secreto e só são descobertos pelo professor quando alguma atitude inesperada chama a sua atenção. Basta contrastar essa situação altamente artificial com as relações humanas normais fora da sala de aula como, por exemplo, em uma família equilibrada, para perceber o quanto situações espontâneas são cruciais para que o professor possa conhecer e compreender os indivíduos os quais, supostamente, está educando. Além disso, sem essa compreensão da individualidade do aluno, haverá apenas chances acidentais de que os conteúdos das matérias e os métodos adotados pelo professor sejam adequados a um indivíduo, de maneira que realmente contribuam para o desenvolvimento de sua mente e de seu caráter. Há um verdadeiro círculo vicioso. A uniformidade mecânica dos processos de aprendizagem e dos métodos cria um tipo de imobilidade uniforme que, por sua vez, perpetua a uniformidade dos processos de aprendizagem e das repetições ao mesmo tempo em que, por trás dessa uniformidade forçada, as tendências individuais operam de modos irregulares e mais ou menos proibidos.

Ações concretas significam compromisso com a aprendizagem.

A outra importante vantagem de maior liberdade externa se encontra na própria natureza do processo de aprendizagem. Conforme já apontamos, os métodos tradicionais premiavam a passividade e a aceitação, sendo a demonstração física dessa passividade e aceitação o aspecto mais valorizado como critério de premiação. Na escola assim padronizada, a única forma de escapar desse critério de controle por premiação era por meio de atividades irregulares e, muitas das vezes, consideradas como desobediência. Não é possível haver silêncio absoluto em um laboratório ou em um grupo de estudo. O caráter não social da escola tradicional se torna visível na medida em que ela valoriza o silêncio como uma de suas virtudes mais importantes. Existem, evidentemente, momentos em que a atividade intelectual é tão intensa que não demandam, necessariamente, uma atividade física ou movimentos corporais visíveis. Porém, a capacidade para esse tipo de atividade intelectual surge mais tarde, depois de se estar habituado com essas atividades por um longo período de tempo. Por isso, é preciso propiciar aos mais jovens breves intervalos de tempo para reflexões silenciosas que só poderão ser considerados como períodos de verdadeira reflexão se ocorrerem após ações mais concretas e que sejam utilizados para organizar o que foi obtido nos períodos de atividade em que as mãos e outras partes do corpo além do cérebro foram usados. A liberdade de movimento é também importante como um meio de manutenção da saúde física e mental. Ainda temos muito que aprender com os gregos que viam com clareza a relação entre um corpo são e uma mente sã. Mas, em todos os aspectos mencionados, a liberdade de ação externa é um meio de liberdade de julgamento e de poder para colocar em prática decisões deliberadamente tomadas. A quantidade de liberdade externa necessária varia de indivíduo para indivíduo. Ela tende a diminuir naturalmente com o aumento da maturidade, embora a ausência completa de liberdade impeça mesmo uma pessoa madura de ter contatos que lhe propiciariam novos materiais sobre os quais exercitar sua inteligência. A quantidade e a qualidade desse tipo de livre atividade como meio de crescimento é uma questão que deve mobilizar a reflexão do educador em todos os estágios do desenvolvimento.

Liberdade excessiva é prejudicial.

No entanto, não pode haver erro maior do que tratar tal liberdade como um fim em si mesmo. Assim tratada, ela tende a ser destrutiva das atividades cooperativas compartilhadas, que são o recurso normal da ordem. Dessa forma, a liberdade, que deveria ser um aspecto positivo da condição humana, passa a ser algo negativo. A restrição, que é o lado negativo da liberdade, deve ser valorizada somente como um meio para uma liberdade que é poder: poder de formular propósitos, de julgar de forma ampla, de avaliar os desejos por suas consequências; poder de selecionar e organizar meios de operacionalizar decisões.

A inibição de impulsos estimula a reflexão e o julgamento.

Seja qual for a situação, impulsos naturais e desejos constituem o ponto de partida. Porém, não há crescimento intelectual sem a reconstrução, ou seja, sem a reconstituição da forma como eles primeiramente se manifestaram. Essa reconstituição envolve a inibição do impulso em seu primeiro estado. A alternativa para uma inibição externamente imposta é a inibição por meio de uma reflexão e de um julgamento por parte do próprio indivíduo. A velha frase "pare e pense" é psicologicamente saudável. Para pensar, paralisamos a manifestação imediata do impulso até que esse impulso tenha se conectado com outras possíveis tendências de ação, a fim de que um plano de atividades mais amplo e coerente seja elaborado. Algumas das outras tendências de ação levam ao uso do olho, do ouvido e da mão para a observação das condições objetivas; outras resultam em recordar o que aconteceu no passado. Pensar é, assim, um adiamento da ação imediata que tem como efeito o controle interno do impulso por meio de uma união da observação com a memória, sendo essa união o coração da reflexão. Tudo o que tem sido dito aqui explica o significado da velha expressão "autocontrole". O principal objetivo da educação é criar o poder de autocontrole. Porém, a simples abolição do controle externo não garante a produção do autocontrole. É fácil pular da frigideira para o fogo. Em outras palavras, é fácil escapar de uma forma de controle externo apenas para se deparar com outra, e ainda mais perigosa, forma de controle externo. Quando impulsos e desejos não são organizados pela inteligência, ficam sob o controle de circunstâncias acidentais. Escapar do controle de outra pessoa para ter sua conduta determinada por extravagâncias e caprichos imediatos pode significar mais perda do que ganho. Ou seja, é ficar à mercê de impulsos que não se formaram a partir de julgamentos inteligentes. Uma pessoa cuja conduta é controlada dessa forma tem, no máximo, uma ilusão de liberdade. Na realidade, ela é direcionada por forças sobre as quais ela não possui nenhum comando.

VI

O significado do propósito

A liberdade está associada ao autocontrole; o propósito e a organização dependem da inteligência.

É, portanto, de certa forma instintivamente que identificamos liberdade com o poder de formular propósitos e de executá-los, ou de colocar em prática os propósitos formulados. Tal liberdade é, por sua vez, idêntica ao autocontrole; já que a formação de propósitos e a organização dos meios para executá-los são trabalhos da inteligência. Platão, certa vez, definiu um escravo como a pessoa que executa os propósitos de outro; e, como já foi dito, uma pessoa é também um escravo quando dominada por seus próprios desejos cegos. Eu acredito que não há nada mais correto na Filosofia da Educação progressiva do que sua ênfase na importância da participação do aluno na formulação dos propósitos que direcionam suas atividades no processo de aprendizagem, assim como não há maior defeito na educação tradicional do que sua falha em assegurar a cooperação ativa do aluno na construção dos propósitos que envolvem o seu estudo. Porém, o significado de propósitos e fins não são termos autoevidentes e nem autoexplicativos. Quanto mais sua importância educacional é enfatizada, mais importante se torna a compreensão do que é um propósito; de como ele surge e de como funciona na experiência.

O propósito envolve capacidade de previsão e depende das condições e das circunstâncias.

Um verdadeiro propósito sempre começa com um impulso. A obstrução da execução imediata de um impulso se converte em um desejo. No entanto, nem um impulso e nem um desejo são, por si mesmos, um propósito. Um propósito é uma visão final. Ou seja, envolve previsão das consequências que resultaram da ação por impulso. A previsão de consequências envolve a operação da inteligência. Isso demanda, em primeiro lugar, a observação das condições objetivas e das circunstâncias. Impulsos e desejos produzem consequências não apenas por si próprios, mas também por meio de sua interação ou cooperação com as condições que os cercam. O impulso que produz uma ação simples como andar só é executado em conjunção ativa com o chão em que pisamos. Sob circunstâncias comuns, não precisamos prestar muita atenção ao chão. Porém, em situações delicadas, temos que observar, com muita atenção, quais são as condições, como quando escalamos uma montanha íngreme e sem uma trilha definida. O exercício de observação é, assim, uma condição para a transformação de um impulso em um propósito. Como fazemos ao ver uma sinalização avisando que trilhos de trem cortam uma estrada, temos que parar, olhar e escutar.

Devemos compreender o significado daquilo que observamos.

Porém, somente a observação não é suficiente. Temos que compreender o *significado* daquilo que vemos, ouvimos e tocamos. Esse significado consiste na consequência que resulta quando agimos sobre o que vemos. Um bebê pode *ver* o brilho de uma chama e ser, assim, atraído para se aproximar do fogo. O significado dessa chama não é o seu brilho, mas o seu poder de queimar, como consequência que resultará do ato de tocá-la. Só podemos estar cientes das consequências por meio de experiências prévias. Em situações que nos são familiares em função de várias experiências anteriores não precisamos parar para lembrar quais foram essas experiências. Uma chama passa a significar luz e calor sem que tenhamos que pensar expressamente em experiências prévias relacionadas com calor e queimadura. Mas, em situações pouco familiares, não podemos dizer quais serão as consequências das condições observadas, a menos que recordemos em nossa mente experiências passadas, refletindo sobre essas experiências e vendo o que há de similar entre elas e a experiência presente, a fim de podermos formar um juízo do que pode ser esperado da situação em que nos encontramos.

A formulação de propósitos depende da observação, do conhecimento de experiências e do julgamento; a atividade inteligente demanda propósito.

A formulação de propósitos é, assim, muito mais uma operação intelectual complexa. Ela envolve (1) observação das condições que a cercam; (2) o conhecimento do que aconteceu em situações similares no passado, um conhecimento obtido parcialmente pela recordação, como também pelas informações, conselhos e advertência por parte daqueles que já possuam uma maior experiência e (3) pelo julgamento que nos permite juntar o que observamos com o que recordamos para compreender o que significa toda a situação. Um propósito difere de um impulso original e de um desejo por sua tradução em um plano e um método de ação que tem como base a previsão das consequências de agir de um determinado modo sob dadas condições observadas. "Se desejos fossem cavalos, mendigos andariam montados." Um desejo por alguma coisa pode ser intenso. Pode ser tão forte que se sobreponha à avaliação das consequências que resultam da ação a fim de realizá-lo. Tais ocorrências não nos oferecem um modelo para a educação. O problema crucial da educação consiste em adiar a ação imediata para a satisfação de um desejo até que a observação e o julgamento possam nela intervir. A menos que eu esteja errado, este é o ponto definitivamente relevante para a condução de escolas progressivas. A ênfase excessiva na atividade como um fim, ao invés da ênfase na atividade *inteligente*, leva à identificação da liberdade com a realização imediata de impulsos e desejos. Essa identificação é justificada quando impulso é confundido com propósito; embora, como acabou de ser dito, não há propósito a menos que a ação concreta seja adiada até que seja feita uma previsão das consequências da realização de um impulso – uma previsão que é impossível sem observação, informação e julgamento. Simples previsão, ainda que na forma de um prognóstico preciso, não é, certamente, suficiente. A antecipação intelectual, a ideia das consequências, deve se misturar ao desejo e ao impulso para adquirir força de movimento. A ideia das consequências dá direção ao que, de outra maneira, seria apenas uma ação cega, enquanto o desejo proporciona o ímpeto e o movimento. A ideia, então, se transforma em um plano de e para a atividade que será desenvolvida. Suponhamos que um homem possua o desejo de construir uma casa nova. Independente do quanto seja forte esse desejo, ele não pode ser realizado imediatamente. O homem precisa formar uma ideia do tipo de casa que deseja, incluindo o número e a disposição dos cômodos etc. Ele tem que traçar um plano e fazer um projeto arquitetônico apresentando todas as especificações necessárias. Tudo isso funcionará apenas como uma ocupação divertida para seu tempo livre, se ele não levar em conta os custos. Ele deve considerar a relação dos seus recursos financeiros e créditos disponíveis para a execução do projeto. Ele terá que procurar por terrenos disponíveis, pesquisar seus preços, considerar a proximidade com seu local de trabalho, o tipo de vizinhança, a existência de escolas por perto e assim por diante. Todas essas coisas estão relacionadas com sua capacidade de pagamento, o tamanho e as necessidades da família, localização possível etc., etc. e são fatos objetivos que não são parte do desejo original, mas precisam ser vistos e julgados, a fim de que o desejo possa ser convertido em um propósito e o propósito em um plano de ação.

Os desejos são vazios sem que haja um meio de realizá-los.

Todos nós temos desejos. Exceto aqueles que se tornaram tão patológicos a ponto de ficarem apáticos. Esses desejos são a mola propulsora da ação. Um profissional deseja sucesso em sua carreira; um general deseja ganhar a batalha[1]; os pais desejam uma casa confortável para sua família e educar seus filhos. A intensidade do desejo dá a medida da força dos esforços feitos para realizá-los. Mas os

---

1. Na primeira tradução brasileira desta obra, feita por Anísio Teixeira em 1971, a tradução para esta frase foi "o artista, realizar sua obra". Considerando o cenário político do momento histórico dessa primeira tradução, entendo como um ato político a opção feita pelo tradutor e com ele me solidarizo, embora optando, no presente momento, por uma expressão mais próxima à usada pelo autor da obra [N.T.].

desejos serão apenas castelos vazios no ar a menos que sejam traduzidos em meios pelos quais possam ser realizados. A questão relativa ao *como e quando*, ou seja, aos meios para realizar os desejos, ocupa o lugar de um fim projetado na imaginação e, por serem os meios objetivos, devem ser estudados e compreendidos para que um verdadeiro propósito seja formulado.

O desejo cria oportunidade para o planejamento.

A educação tradicional tende a ignorar a importância do impulso e do desejo pessoal como forças de ação. Porém, isso não é motivo para que a educação progressiva identifique impulso e desejo com propósito e, dessa forma, menospreze a necessidade de observação cuidadosa, de um conjunto amplo de informações e de julgamentos adequados para serem compartilhados por seus alunos na formulação dos propósitos que irão direcioná-los em suas atividades. Em um esquema *educacional*, a ocorrência de um desejo e de um impulso não é o objetivo final, mas sim a oportunidade e a demanda para a formulação de um plano e de um método de ação. Tal plano, repetindo o que já foi dito, só pode ser formulado por meio do estudo das condições e da consideração de todas as informações relevantes.

Uma orientação do professor exercita a inteligência dos alunos e incentiva a liberdade.
A função do professor é identificar as oportunidades e tirar vantagem delas. Considerando-se que a liberdade reside nas operações inteligentes de observação e no julgamento adequado para o desenvolvimento de um propósito, a orientação dada pelo professor para o exercício da inteligência de seus alunos é um incentivo à liberdade, e não uma restrição. Às vezes, os professores parecem ficar receosos até mesmo de dar sugestões aos membros de um grupo sobre o que eles devem fazer. Eu já soube de casos em que as crianças são rodeadas por objetos e deixadas inteiramente por conta própria porque o professor teme que até mesmo uma sugestão sobre o que pode ser feito com o material seja uma forma de restrição da liberdade. Por que, então, disponibilizar tal material se até mesmo eles são, de alguma maneira, uma forma de sugestão? O que importa é que, em qualquer um dos casos, de algum lugar virá a sugestão que levará os alunos à ação. É impossível compreender por que a sugestão daquele que possui

uma maior experiência e um horizonte mais amplo, ou seja, do professor, não seja no mínimo tão válida quanto uma sugestão que surge de alguma fonte mais ou menos acidental.

O professor desenvolve uma comunidade educacional cooperativa.

É possível, sem dúvida, abusar da tarefa e forçar a atividade por caminhos que representam muito mais o propósito do professor do que o propósito dos alunos. Mas o meio de evitar esse perigo não é a completa retirada do professor. O melhor meio é, primeiro, que o professor esteja, por intermédio da observação e do estudo inteligente, ciente das capacidades, das necessidades e das experiências passadas de seus alunos e, segundo, que aceite que a sugestão feita se desenvolva em planos e projetos, de forma que os membros do grupo contribuam com sugestões adicionais que serão organizadas por eles como um todo. O plano, em outras palavras, é resultado de um esforço de cooperação, e não uma imposição. A sugestão do professor não é um molde para um resultado forjado, mas um ponto de partida para ser desenvolvido em um plano por meio de contribuições a partir da experiência de todos os envolvidos no processo de aprendizagem. O desenvolvimento ocorre por trocas recíprocas em que o professor recebe, mas também não tem medo de dar. O ponto essencial é que o propósito cresce e toma forma por meio do processo de comunicação e inteligência social.

VII

A organização progressiva das matérias e conteúdos curriculares

Primeiro princípio: o conteúdo das matérias deve derivar das experiências comuns da vida.
Já foram feitas, de passagem, várias referências sobre as condições objetivas envolvidas na experiência, bem como sobre a função que essas condições têm de proporcionar ou de dificultar o enriquecimento do desenvolvimento de experiências novas. Consequentemente, essas condições objetivas, sejam as de observações, de memória, de informações obtidas por meio de outras pessoas ou de imaginação, têm sido identificadas com as matérias de estudo e com a aprendizagem; ou, de forma mais genérica, com os conteúdos do curso que os alunos frequentam. Entretanto, até agora nada foi dito explicitamente sobre as matérias do currículo propriamente ditas. Este será, portanto, o tema discutido neste capítulo.

Quando a educação é concebida em termos de experiência, uma consideração se destaca em relação às demais. Tudo o que possa ser considerado como matéria de estudo, seja aritmética, história, geografia ou qualquer uma das ciências naturais, deve derivar de materiais que, originalmente, pertençam ao escopo da experiência da vida cotidiana. Nesse aspecto, as propostas educacionais mais atuais se diferenciam radicalmente dos processos pedagógicos que se iniciam a partir de fatos e verdades que se encontram fora do âmbito das experiências vivenciadas pelos alunos e que, por isso, enfrentam o problema de ter que descobrir meios de relacioná-los com tais experiências. Sem dúvida, uma das principais razões do sucesso dos novos métodos educacionais nas séries iniciais tem sido a observação do princípio contrário.

Segundo princípio: os conteúdos das matérias de estudo devem ser desenvolvidos progressivamente de acordo com a maturidade do aluno.

Porém, encontrar o material para a aprendizagem no âmbito da experiência do aluno é apenas o primeiro passo. O passo seguinte é o desenvolvimento progressivo do que já foi experimentado, a fim de apresentá-lo de forma mais ampla e rica e também de forma mais organizada, ou seja, uma forma que gradualmente se aproxima daquela em que os conteúdos das matérias de estudo são apresentados para as pessoas mais habilitadas e mais amadurecidas. A real possibilidade dessa transformação, sem que seja necessário abandonar a conexão orgânica entre a educação e a experiência, é comprovada pelo fato de que tal transformação acontece fora da escola e independente da educação formal. A criança, por exemplo, inicia suas experiências em um ambiente de objetos e pessoas bastante restrito em termos de espaço e tempo. Esse ambiente se expande constantemente pela força inerente às próprias experiências que vivencia, sem a ajuda de instrução escolar e formal. À medida que a criança aprende a pegar, a engatinhar, a andar e a falar, o conteúdo intrínseco dessas experiências se amplia e se aprofunda. O conhecimento adquirido com essas experiências entra em conexão com novos objetos e acontecimentos que requerem novas capacidades, ao mesmo tempo em que o exercício dessas capacidades refina e amplia o conteúdo dessas experiências. As dimensões vitais de espaço e tempo são expandidas. O ambiente, ou seja, o mundo da experiência se torna constantemente maior e, supostamente, mais denso. O educador, ao receber a criança que acabou de vivenciar essas experiências, tem que buscar meios de fazer, de forma consciente e intencional, o que a "natureza" realiza nesses primeiros anos de vida.

As escolas novas têm como base o primeiro princípio; o segundo é mais difícil de ser compreendido.

Dificilmente se fará necessário insistir sobre a primeira das condições que foram especificadas. Essa primeira condição constitui o princípio fundamental da mais recente teoria da educação, ou seja, o princípio de que toda instrução deve se iniciar a partir das experiências que os alunos já possuem; de que essas experiências e as capacidades desenvolvidas a partir delas fornecem o ponto de partida para todo aprendizado futuro. Não estou tão seguro de que a outra condição – a do desenvolvimento sistemático voltado para a expansão e organização dos conteúdos das matérias de estudo a partir da ampliação da experiência do aluno – receba tanta atenção. Entretanto, o princípio da continuidade da experiência educativa requer que as mesmas reflexão e atenção lhe sejam dedicadas, a fim de solucionar esse problema educacional. Sem dúvida, essa fase do problema é mais difícil do que a outra. Aqueles que lidam com crianças da pré-escola e com as dos primeiros anos do Ensino Fundamental não têm muita dificuldade em determinar o tipo de experiências pelas quais elas passaram ou em encontrar atividades que se conectem de forma vital a essas experiências. Com alunos das séries mais adiantadas, ambos os fatores do problema apresentam dificuldades cada vez maiores para o educador. É difícil identificar o cenário das experiências do indivíduo e, ainda mais difícil, descobrir exatamente de que forma os conhecimentos adquiridos por meio dessas experiências relacionados com os conteúdos das matérias de estudos possam ser utilizados para levar os alunos em direção a campos de experiência mais amplos e mais organizados.

Novas experiências devem estar conectadas com experiências mais antigas.

É um erro supor que o princípio da continuidade, no sentido de que toda experiência leva a algo diferente da experiência anterior, seja adequadamente satisfeito pelo simples fato de proporcionarmos novas experiências aos alunos, se considerarmos apenas que, por meio dessas experiências, eles ganharão mais habilidade e facilidade para lidar com situações com as quais já estão familiarizados. É igualmente essencial que os novos objetos e acontecimentos estejam relacionados com os das experiências anteriores, o que significa algum avanço a partir da articulação feita entre fatos e ideias. É, portanto, tarefa do educador selecionar coisas que, no âmbito das experiências existentes, possuam a potencialidade de apresentar novos problemas que, ao estimular novas formas de observação e julgamento, ampliarão a área para experiências futuras. O professor, assim, deve considerar constantemente o que já foi alcançado, não como uma conquista fixa, mas como um agente, como um instrumento para abrir novos campos que produzam novas demandas a partir da capacidade já existente de observação e do uso inteligente da memória. A conectividade no processo de desenvolvimento deve ser, pois, uma preocupação constante do professor.

O professor deve olhar para o futuro considerando os efeitos do seu trabalho.

O professor, mais do que qualquer outro profissional, tem que olhar para o futuro com uma visão de longo alcance. O médico pode considerar seu trabalho realizado quando a saúde do seu paciente estiver recuperada. Sem dúvida, ele tem a obrigação de dar conselhos a fim de que o paciente possa evitar problemas similares no futuro. Porém, no fim das contas, a forma como o paciente irá conduzir sua vida só diz respeito a ele mesmo, não ao médico; e o que é realmente importante para o que aqui estamos discutindo é que, na medida em que o médico dá instruções e conselhos, preocupado com o futuro do paciente, ele assume a função de um educador. O advogado está interessado em ganhar a ação para seu cliente ou em livrá-lo de alguma complicação legal em que tenha se metido. Se vai além disso, o advogado também se torna um educador. O educador, pela própria natureza da sua profissão, é obrigado a ver seu trabalho no presente em termos do que ele significa ou deixa de significar para o futuro cujos conteúdos estão conectados com o presente.

O educador tradicional pode limitar-se a pensar na próxima série ou na próxima aula; a tarefa do educador da escola progressiva é mais difícil.

Mais uma vez, vemos que o problema do educador da escola progressiva é mais difícil do que o do educador de uma escola tradicional. O educador da escola tradicional deve, sem dúvida, olhar adiante, mas, a não ser que sua personalidade e seu entusiasmo o levem além dos limites instituídos pela escola tradicional, ele pode contentar-se em pensar no próximo período de avaliação ou na aprovação para a próxima série. Ele pode, dessa maneira, encarar o futuro com base nos fatores que constituem as exigências do sistema escolar convencionalmente estabelecido. O educador que faz conexão entre educação e experiências reais torna-se responsável por tarefas mais sérias e mais difíceis. Ele deve estar atento às potencialidades das experiências para levar os alunos a novos campos que pertencem a essas experiências e deve usar o conhecimento dessas potencialidades como critério para a seleção e organização das condições que influenciam na experiência presente dos alunos.

A educação tradicional está enraizada no passado.

Pelo fato de os estudos da escola tradicional serem constituídos por matérias selecionadas e organizadas com base no que os adultos julgavam ser útil para o jovem em algum momento no futuro, o conteúdo a ser aprendido encontrava-se fora da experiência de vida presente do aluno. Consequentemente, esse conteúdo a ser aprendido tem a ver com o passado, pois era aquilo que foi considerado útil no passado. Como reação que levou a uma posição extremamente oposta, tão infeliz quanto a anterior, mas talvez natural diante das circunstâncias, a ideia correta de que a educação deve produzir seu material a partir da experiência presente e deve capacitar o aluno para lidar com os problemas do presente e do futuro converteu-se na ideia de que as escolas progressivas podem, em larga medida, ignorar o passado. Se o presente pudesse ser separado do passado, essa conclusão seria válida. Porém, as descobertas do passado constituem o único meio capaz de nos possibilitar compreender o presente. Assim como o indivíduo precisa recorrer à memória do seu próprio passado para compreender as condições em que ele individualmente se encontra, também as questões e problemas da *vida social* presente estão em conexão tão íntima e direta com o passado que os alunos não podem estar preparados para compreender tais problemas e nem a melhor forma de lidar com eles sem explorar suas raízes no passado. Em outras palavras, o princípio correto de que os objetivos do aprendizado no futuro e sua matéria imediata estão na experiência presente só pode surtir efeito na medida em que a experiência presente seja alongada para trás. E somente poderá se expandir para o futuro se essa experiência for ampliada a ponto de incluir o passado.

A compreensão do passado é um meio de compreender o presente.

Se o espaço permitisse, a discussão de questões políticas e econômicas que a geração do presente terá que enfrentar no futuro tornaria esta generalização em algo definido e concreto. A natureza dessas questões não pode ser compreendida a não ser que saibamos como elas surgiram. As instituições e costumes que existem no presente e que dão origem aos males e às distorções sociais não surgiram do dia para noite. Possuem uma longa história por trás deles. Tentativas de tratá-los simplesmente com base naquilo que é óbvio no presente fatalmente resultam na adoção de medidas superficiais que, no fim, apenas tornarão os problemas existentes mais sérios e mais difíceis de serem resolvidos. Políticas formuladas com base no conhecimento do presente separado do passado reproduzem na conduta do indivíduo o mesmo efeito impensado e descuidado produzido na conduta social. O meio de escapar dos sistemas escolares que fizeram do passado um fim em si mesmo é fazer da compreensão do passado um *meio* de compreender o presente. Até que esse problema seja solucionado, o atual conflito entre ideias e práticas educacionais continuará. De um lado, haverá reacionários defendendo que o principal, se não o único, objetivo da educação é a transmissão da herança cultural. Do outro lado, haverá aqueles que sustentam que devemos ignorar o passado e considerar somente o presente e o futuro.

Escolas progressivas dependem de experiências de vida e rejeitam um planejamento fixo.

Considero inevitável diante das circunstâncias que, até o atual momento, o ponto mais fraco nas escolas progressivas esteja na questão da seleção e organização intelectual de sua matéria curricular. É também tão inevitável quanto certa e apropriada a ruptura das escolas progressivas com o material isolado e estéril que constituía o principal elemento da velha educação. Além disso, o campo da experiência é muito amplo e varia em seus conteúdos conforme a variação do tempo e do espaço. Um único plano de estudo para todas as escolas progressivas está fora de questão; isso significaria abandonar o princípio fundamental da conexão entre vida e experiência. Além do que, as escolas progressivas são novas e têm pouco mais de uma geração de desenvolvimento. Certa quantidade de incerteza e de falta de segurança na escolha e na organização da matéria curricular é, portanto, de se esperar, e, por essa razão, não serve de base para críticas fundamentais.

A seleção e a organização da matéria de estudo continuam sendo fundamentais para o aprendizado.
Contudo, o problema de seleção e de organização da matéria curricular passará a constituir uma base para críticas legítimas se o movimento da educação progressiva, em seu desenvolvimento, não reconhecer esses processos como fundamentais para o aprendizado. A improvisação que tira proveito de ocasiões especiais impede que o processo de ensino-aprendizagem se torne estereotipado e sem vida, porém o material básico de estudo não pode ser escolhido de maneira aleatória e acidental. Sempre que haja liberdade intelectual, surgirão inúmeras ocasiões que não são e não podem ser

previsíveis e que devem ser utilizadas, mas há uma diferença decisiva entre usá-las no desenvolvimento de uma linha contínua de atividade e confiar que essas ocasiões possam fornecer o principal material de aprendizagem.

O aprendizado deve se desenvolver a partir de condições de experiência que deem origem a uma busca ativa por informação e novas ideias.
Nenhum problema surgirá a não ser que uma dada experiência conduza a um campo que não seja previamente conhecido que apresente novos problemas estimulando a reflexão. A característica que distingue a educação baseada na experiência da educação tradicional é o fato de que as condições encontradas na experiência dos alunos devam ser utilizadas como fontes de problemas. Na escola tradicional, a fonte dos problemas está fora da experiência dos alunos. Contudo, o crescimento depende da presença de dificuldades a serem vencidas por meio do exercício da inteligência. Mais uma vez, é parte da responsabilidade do educador prestar igual atenção em duas coisas: primeiro que os problemas surjam das condições das experiências que estão acontecendo no presente e que sejam

coerentes com as capacidades dos alunos; segundo que essas experiências despertem nos alunos a necessidade de busca ativa de informações e novas ideias. Novos fatos e novas ideias, assim obtidos, tornam-se a base para novas experiências em que novos problemas se apresentam. O processo é uma espiral contínua. A conexão inescapável entre o presente e o passado é o princípio cuja aplicação não se limita ao estudo da história. Tomemos as ciências naturais, por exemplo. A vida social contemporânea é o que é, em larga medida, devido aos resultados da aplicação dos estudos da física. A experiência de toda criança e de todo jovem, seja no campo ou na cidade, é como é atualmente devido aos utensílios que utilizam eletricidade, calor e processos químicos. Uma criança não come uma refeição que não envolva em seu preparo e assimilação de princípios químicos e psicológicos; não lê com luz artificial ou anda de automóvel ou trem sem entrar em contato com operações e processos engendrados pela ciência.

O conhecimento científico depende de sua relação com as aplicações sociais cotidianas.

É correto o princípio educacional de que os alunos devem ser introduzidos ao estudo das ciências e que devem ser iniciados em seus fatos e suas leis por meio do conhecimento de suas aplicações sociais na vida cotidiana. A adesão a esse princípio não é apenas a via mais direta para a compreensão da própria ciência, mas, na medida em que os alunos amadurecem, é também o caminho mais óbvio para a compreensão dos problemas econômicos e industriais da sociedade atual. Por serem esses problemas, em larga escala, o resultado da aplicação da ciência na produção e na distribuição de *commodities* e serviços, consequentemente, são também o fator mais importante das relações atuais dos seres humanos e dos grupos sociais entre si. É absurdo, portanto, argumentar que processos similares aos estudados em laboratórios e institutos de pesquisa não façam parte da experiência da vida cotidiana dos alunos e, por isso, não façam parte do escopo da educação baseada na experiência. Não se discute que os menos experientes não podem estudar fatos e princípios científicos do mesmo modo que são estudados por especialistas. Porém, isso não exime o educador da responsabilidade de utilizar as experiências presentes de modo a poder levar o aluno, gradualmente, a experiências de ordem científica por meio da extração de fatos e leis nelas contidos. Ao contrário, este passa a ser um dos seus principais problemas.

É impossível compreender as forças sociais atuais sem o conhecimento científico.

Sendo a experiência existente o que é, tanto especificamente como em larga escala, devido a aplicação da ciência aos processos de produção e distribuição de bens e serviços e, posteriormente, às relações que os seres humanos sustentam uns com os outros, é impossível obter uma compreensão das forças sociais atuais (compreensão essencial para poder controlá-las e direcioná-las) sem uma educação que leve os alunos ao conhecimento dos mesmos fatos e princípios que, em sua organização final, constituem as ciências. No entanto, a importância de se levar os alunos à compreensão do conhecimento científico não se esgota com a percepção das questões sociais da atualidade que tais conhecimentos nos permitem ter. Os métodos científicos também indicam o caminho para medidas e políticas que poderão nos conduzir a uma melhor ordem social. As aplicações da ciência que produziram, em grande medida, as condições sociais atuais, não esgotam os possíveis campos de sua aplicação. Até o momento, a ciência tem sido aplicada de forma mais ou menos casual e sob a influência de objetivos que visam poder e vantagens pessoais – herança de instituições de uma época pré-científica.

Nada impede que o método científico se torne um método habitual.

Quase que diariamente, ouvimos das mais diversas fontes que é impossível que os seres humanos direcionem sua vida comum de forma inteligente. Dizem-nos que, por um lado, a complexidade das relações humanas, sejam elas privadas e/ou públicas, e que, por outro lado, o fato de os seres humanos serem, em sua grande parte, criaturas de emoção e hábito, tornam impossível um planejamento social em larga escala e um direcionamento pela inteligência. Essa visão seria mais merecedora de crédito se nenhum esforço sistemático tivesse sido feito ao longo de todos estes anos para, desde a pré-escola até as séries mais adiantadas da vida escolar, tornar o método de inteligência, que é o adotado pelas ciências, o mais importante método do processo educacional. Não há nada na natureza inerente ao hábito que impeça que o método inteligente se torne habitual; e não há nada na natureza das emoções que impeça o desenvolvimento de intensa fidelidade emotiva a esse método.

A ciência demonstra que a educação pode ter como base a experiência de vida e a organização do conhecimento.

O exemplo da ciência foi aqui empregado como uma demonstração da seleção progressiva a partir da experiência presente, direcionada para a organização: uma organização livre e que não é imposta externamente porque está de acordo com o crescimento da própria experiência. A utilização da "matéria" encontrada na experiência de vida presente do aluno para conduzi-lo à ciência é talvez a melhor demonstração que se pode ter do princípio básico do uso da experiência já existente como o meio de encaminhar o aluno para um ambiente de condições físicas e humanas mais amplas, refinadas e organizadas, se comparado ao material encontrado nas experiências que dão início ao processo de desenvolvimento educacional. O trabalho recente de Hogben, *Matemática para milhões*, mostra como a matemática, se tratada como um espelho da civilização e como principal instrumento do seu progresso, pode contribuir para o objetivo desejado tanto quanto as ciências físicas. O ideal, em qualquer caso, é o da organização progressiva do conhecimento. É no que se refere à organização do conhecimento que estaremos mais propensos a encontrar os efeitos mais ativos da filosofia do *isto ou aquilo*. Na prática, em poucas palavras, sustenta-se que, enquanto a educação tradicional tem como base o conceito de organização do conhecimento quase que completamente desatrelada da experiência de vida presente do aluno, a educação baseada nessa experiência, por sua vez, deve desprezar a organização de fatos e ideias.

A organização cria estruturas na educação.
Quando, há pouco, chamei essa organização de um ideal, estava me referindo ao aspecto negativo dessa afirmação que implica que o educador não pode partir de um conhecimento já organizado e oferecê-lo de forma dosada para os alunos. Mas como um ideal, o processo ativo de organização de fatos e ideias é um processo educacional sempre presente. Nenhuma experiência será educativa se não resultar, simultaneamente, no conhecimento de mais fatos e na consideração de mais ideias e em

um melhor e mais ordenado arranjo desses fatos e ideias. Não é verdade que a organização seja um princípio estranho à experiência. Se assim o fosse, a experiência seria tão dispersa que se tornaria caótica. A experiência de crianças pequenas está centrada nas pessoas e no lar. A perturbação da ordem normal das relações familiares é hoje considerada pelos psiquiatras como um solo fértil para problemas mentais e emocionais na vida adulta – fato que comprova a realidade desse tipo de organização. Um dos grandes avanços da educação na pré-escola e nas primeiras séries do Ensino Fundamental é o de preservar o centro social e humano da organização da experiência, em lugar da violenta mudança de centro gravitacional da organização sistemática tradicional. Mas um dos problemas fundamentais da educação, como da música, é a modulação. No caso da educação, modulação significa o deslocamento de um centro humano e social para um esquema de organização mais objetivo e intelectual, sempre tendo em mente, contudo, que a organização intelectual não é um fim em si mesmo, mas o meio pelo qual as relações sociais, enquanto laços e vínculos distintamente humanos, podem ser compreendidas e mais inteligentemente organizadas.

A organização da matéria curricular deve ser o objetivo que move a educação, mesmo em se tratando da compreensão que a criança alcança de princípios como o de causa e efeito.

Quando a educação é baseada na teoria e na prática sobre a experiência faz-se desnecessário dizer que a matéria organizada pelo adulto e pelo especialista não funcionará como ponto de partida. No entanto, ela representa o objetivo que a educação deve buscar continuamente. É importante frisar que um dos princípios mais fundamentais da organização científica do conhecimento é o de causa e efeito. O modo como esse princípio é compreendido e formulado pelos especialistas é certamente bastante diferente do modo como ele é abordado na experiência da criança. Porém, a relação e a compreensão de seu significado não são estranhas à experiência da criança, seja qual for sua idade. Quando uma criança de dois ou três anos aprende a não chegar muito perto do fogo ou mesmo a não se aproximar muito de um forno a ponto de se queimar, ela está demonstrando a compreensão, e ao mesmo tempo utilizando a relação causal. Não há atividade inteligente que não esteja de acordo com as exigências dessa relação e a atividade é considerada inteligente não apenas pela conformidade a tais exigências, mas principalmente porque a relação causal se encontra de forma consciente na mente da criança.

Muitas vezes a educação falha por não enfatizar a causalidade.

Nas formas iniciais de experiência, a relação causal não se apresenta de forma abstrata, mas sim sob a forma dos meios concretos empregados para alcançar determinado objetivo, ou seja, uma relação entre os meios e suas consequências. O desenvolvimento das capacidades de julgamento e compreensão implica, essencialmente, o crescimento da habilidade de formular propósitos e de selecionar e organizar meios para a sua realização. As experiências mais elementares da criança estão repletas de exemplos dessa relação entre os meios e suas consequências. Não há preparo de refeições ou emprego de recurso de iluminação que não exemplifique essa relação. O problema com a educação não está na ausência de situações em que a relação causal esteja exemplificada na relação entre os meios e suas consequências, mas sim em não utilizar as situações que levem o aluno a perceber essa relação, o que, infelizmente, é bastante comum.

Os estudiosos da lógica dão os nomes de "análise e síntese" às operações pelas quais os meios são selecionados e organizados em relação a um propósito.

Atividade inteligente envolve análise e síntese. Este princípio determina o principal fundamento para a utilização de *atividades* na escola. Nada pode ser mais absurdo em termos de educação do que defender a importância de uma variedade de ocupações ativas na escola, menosprezando a necessidade de organização progressiva de informações e ideias. A atividade inteligente se diferencia da atividade sem propósito pelo fato de envolver a seleção de meios dentro de uma variedade de condições existentes (análise) e por seu arranjo e organização a fim de alcançar determinado objetivo ou propósito (síntese). É óbvio que, quanto mais imaturo é o aluno, mais simples devem ser os objetivos a serem alcançados e mais rudimentares os meios empregados, embora o princípio da organização da atividade, em termos de algumas percepções da relação entre consequências e meios, aplique-se até mesmo aos mais jovens. De outro modo, uma atividade deixa de ser educativa por ser cega. Com o amadurecimento, o problema da inter-relação entre os meios se torna mais urgente. Na medida em que a observação inteligente é transferida da relação entre os meios e os fins para a questão mais complexa da relação dos próprios meios entre si, a ideia de causa e efeito se torna explícita e proeminente. A justificativa final para se ter oficinas, cozinha etc. na escola não está apenas no fato de esses equipamentos criarem oportunidade para atividades, mas por eles criarem oportunidade para o *tipo* de atividade ou para a aquisição de habilidades mecânicas que despertam a atenção dos alunos para a relação entre os meios e os fins e, consequentemente, fazem com que eles passem a considerar a forma como as coisas interagem umas com as outras para produzir efeitos definidos. Em princípio, esse é o mesmo fundamento adotado em laboratórios nas pesquisas científicas.

As escolas falham em sua tarefa de desenvolver a capacidade de discriminação crítica e a habilidade de raciocinar.

A não ser que o problema da organização intelectual possa ser solucionado com base na experiência, certamente ocorrerá uma reação aos métodos de organização impostos externamente. Existem sinais já evidentes dessa reação. Argumenta-se que nossas escolas, sejam elas velhas ou novas, estão falhando em sua principal tarefa: elas não desenvolvem a capacidade de discriminação crítica e a habilidade de raciocinar. Segundo tais argumentos, a habilidade de pensar se dispersa na miscelânea de informações acumuladas e maldigeridas e na tentativa de adquirir tipos de habilidades que serão imediatamente úteis no mundo do comércio e dos negócios. Alega-se que esses males são resultado da influência científica do pronto atendimento às exigências do presente à custa do sacrifício da inquestionável herança cultural do passado. Defende-se que a ciência e seu método devem ser subordinados e que devem retornar à lógica dos princípios fundamentais expressos na lógica de Aristóteles e Santo Tomás, para que os mais jovens possam ter uma ancoragem para sua vida moral e intelectual e, assim, não fiquem à mercê de cada brisa passageira que sopre.

A educação deve se tornar menos científica em seus métodos, ou então não basear os padrões de exploração inteligente da experiência em métodos científicos.

Se o método da ciência tivesse alguma vez sido aplicado de forma consistente e contínua em todas as matérias no dia a dia das atividades escolares, eu ficaria mais impressionado por esse apelo emocional. No final, não vejo nada além de duas opções entre o que a educação deve escolher para não se deixar levar por uma corrente sem propósito. Uma delas é representada pela tentativa de induzir os educadores a retornar aos métodos e ideias intelectuais que surgiram muitos séculos antes do desenvolvimento do atual método científico. Esse apelo pode se mostrar temporariamente bem-sucedido em um período de insegurança geral, tanto emocional e intelectual quanto econômica. Sob tais condições, é forte o desejo de se apoiar em uma autoridade fixa. No entanto, isso está tão distante de todas as condições da vida moderna que acredito ser insensato buscar salvação nessa direção. A outra opção é utilizar sistematicamente o método científico como o padrão e como ideal de exploração inteligente das potencialidades inerentes à experiência.

O fracasso no desenvolvimento e na organização dos conteúdos intelectuais pode produzir resultados negativos.

O problema apresentado tem particular importância para as escolas progressivas. A falha em não dar atenção constante ao desenvolvimento do conteúdo intelectual das experiências e em não obter uma organização sempre crescente de fatos e ideias pode, no final, simplesmente reforçar a tendência a um retorno reacionário ao autoritarismo moral e intelectual. Este não é o momento, nem o lugar, para uma análise do método científico. Porém, certas características do método científico estão tão conectadas com qualquer esquema educacional baseado na experiência, que é preciso considerá-las.

As hipóteses encorajam a atividade intelectual.
Em primeiro lugar, o método científico experimental dá mais, e não menos, importância às ideias como ideias do que outros métodos. Nada é considerado como experimento no sentido científico a não ser que a ação seja conduzida por uma ideia que a direcione. O fato de as ideias empregadas serem hipóteses, e não verdades definitivas, é o que explica as ideias serem mais cuidadosamente guardadas e testadas na ciência do que em qualquer outra área. No momento em que essas ideias passam a ser consideradas verdades em si mesmas, já não há motivos para submetê-las a um exame escrupuloso. Como verdades fixas, elas devem ser aceitas e essa

é a solução do problema. Porém, como hipóteses, elas devem ser continuamente testadas e revisadas, o que exige que sejam formuladas com precisão.

As hipóteses demandam observação das consequências.

Em segundo lugar, ideias ou hipóteses são testadas pelas consequências que produzem quando aplicadas. Isso significa que as consequências da ação devem ser cuidadosa e discriminadamente observadas. A atividade que não é checada por observação do que acontece a partir dela pode ser temporariamente agradável, mas pode, intelectualmente, não levar a nenhum lugar por não criar oportunidade de conhecer a situação em que a ação ocorre e nem levar ao esclarecimento e à expansão de ideias.

A experimentação leva à reflexão.

Em terceiro lugar, o método de inteligência manifestado no método experimental requer que não se percam de vista as ideias, as atividades e as consequências observadas. Essa é uma forma de revisão reflexiva e sumarização em que há tanto discriminação quanto memorização dos aspectos importantes de uma experiência. Refletir é olhar para o que aconteceu a fim de extrair a rede de significados que constitui o principal material para um comportamento inteligente em experiências futuras – é o coração da organização intelectual e da mente disciplinada.

Experiências educativas devem levar a um mundo em expansão da matéria de estudo; o método científico explora a importância da experiência cotidiana.

Fui forçado a usar uma linguagem geral e, muitas vezes, abstrata, mas o que foi dito está organicamente conectado com a exigência de que as experiências, para serem educativas, devem levar a um mundo em expansão da matéria de estudo, aqui entendida como um sistema de fatos ou informações e ideias. Essa condição é satisfeita somente quando o educador considera ensinar e aprender como um processo contínuo de reconstrução da experiência, ou seja, quando o educador lança seus olhos para o futuro e vê cada experiência presente como uma força em movimento que influencia o que virão a ser as experiências futuras. Tenho consciência de que a ênfase que dei ao método científico pode ser distorcida, o que resultaria em considerá-lo apenas como uma técnica especial de laboratório de pesquisa, conforme conduzida por especialistas. Porém, o significado da ênfase dada ao método científico tem muito pouco a ver com técnicas especializadas. O que quis deixar claro é que o método científico é o único meio autêntico sob nosso comando para alcançar a importância de nossas experiências diárias no mundo em que vivemos. Isso significa que o método científico proporciona um modelo prático do modo pelo qual e das condições sob as quais as experiências nos levam para frente e para fora do nosso mundo sempre em expansão. A adaptação do método a indivíduos com diferentes níveis de maturidade é um problema para o educador, e os aspectos constantes desse problema são a formulação de ideias, a aplicação das ideias, a observação das condições que resultam das ideias e a organização de fatos e ideias para que sejam usados no futuro. Nem as ideias, nem as atividades, nem as observações, nem a organização são as mesmas para uma criança de seis anos e para um jovem de doze ou dezoito, isso sem falar do cientista adulto. Porém, em cada nível, haverá uma expansão do desenvolvimento da experiência, caso a experiência seja efetivamente educativa. Consequentemente, seja qual for o nível da experiência, não temos escolha, a não ser operar de acordo com o que é oferecido pelo método científico, ou então ignorar o lugar da inteligência no desenvolvimento e no controle da experiência viva e em constante movimento.

VIII

Experiência
Os meios e as metas da educação

No que expus até aqui levei em consideração a validade do princípio de que a educação, para alcançar seus objetivos tanto referentes ao indivíduo como à sociedade como um todo, deve ter como base a experiência – que é sempre a experiência presente na vida de qualquer indivíduo. Não argumentei a favor da aceitação desse princípio ou tentei justificá-lo. Tanto conservadores como radicais estão profundamente descontentes com a situação atual da educação como um todo. Pelo menos esse acordo existe entre pensadores de ambas as correntes educacionais. De um modo ou de outro, o sistema educacional deve se movimentar ou para trás, buscando os padrões morais e intelectuais de uma era pré-científica, ou para frente, buscando uma utilização cada vez maior do método científico no desenvolvimento das possibilidades de crescimento e expansão da experiência. Esforcei-me, no entanto, para apontar algumas das condições que devem ser satisfatoriamente preenchidas no caso de a educação decidir seguir o segundo caminho.

O único obstáculo para a nova educação será a falta de confiança dos educadores nos preceitos que a governam.

Por ser tão confiante nas potencialidades da educação quando tratada como desenvolvimento inteligentemente direcionado de possibilidades inerentes às experiências cotidianas, não sinto necessidade de, aqui, criticar o outro caminho possível, nem de argumentar a favor da escolha pelo caminho da experiência. A única possibilidade de fracasso na escolha desse caminho reside, a meu ver, no perigo de que a experiência e o método experimental não sejam adequadamente concebidos. Não há disciplina tão severa no mundo quanto a disciplina da experiência sujeita aos testes do desenvolvimento e do direcionamento inteligentes. Dessa forma, a única possibilidade que posso ver para uma reação, mesmo que temporária, contra os padrões, objetivos e métodos da nova educação, é os educadores que os adotam não serem, na prática, coerentes com eles. Como já enfatizei mais de uma vez, os caminhos da nova educação não são mais fáceis de seguir do que os velhos caminhos. Na verdade, são caminhos mais exigentes e difíceis e assim se manterão até que tenham alcançado a maioridade, e isso levará anos de trabalho sério e cooperativo por parte daqueles que os adotarem. O maior perigo que ameaça seu futuro é, em minha opinião, a ideia de que essa nova proposta educacional é um caminho fácil de ser seguido – tão fácil que seu curso pode ser improvisado, se não de um momento para o outro, no mínimo quase que de um dia para o outro ou de uma semana para a outra. É por essa razão que, ao invés de enaltecer seus princípios, eu me limitei a mostrar certas condições que devem ser atendidas para que esta nova proposta educacional alcance o êxito que merece.

A questão fundamental: o que merece ser chamado de educação?

Eu usei várias vezes as palavras "progressiva" e "nova" acompanhando a palavra educação. Contudo, não desejo concluir meu texto sem registrar minha forte crença de que a questão fundamental não é a nova *versus* a velha educação, nem a educação progressiva *versus* a tradicional, mas a questão do que, seja lá o que for, merece ser considerado como educação. Não sou, espero e creio, a favor de quaisquer fins ou métodos simplesmente porque a palavra "progressivo" possa ser a eles aplicada. A questão básica consiste na natureza da educação sem nenhum adjetivo prefixado. O que queremos e do que precisamos é educação pura e simples e obteremos progresso mais seguro e rápido quando nos dedicarmos a descobrir apenas o que é educação e quais condições devem ser atendidas para que a educação possa ser uma realidade e não um nome ou um rótulo. É por essa única razão que enfatizei a necessidade de uma sólida e segura filosofia da experiência.

Índice

Alunos
dificuldade em considerar as experiências das crianças
mais velhas 109
papel na educação tradicional 13

análise e síntese
a função em atividades inteligentes 127

aprendizado colateral
na formação de atitudes 62s.

atitude dos alunos
a função do aprendizado na formação de 62s.
o papel do hábito na formação de 39s.

autocontrole
e liberdade 90-92

causa e efeito
organização do conteúdo das matérias 125-128
a função da análise e da síntese nas atividades
inteligentes 126-128
estudo através de hipóteses científicas 131s.

ciência
como exemplo para a seleção das matérias curriculares
122-124
relação com a experiência presente 117-121

condições objetivas
efeito sobre a experiência 45-51

continuidade e experiência educativa
cf. Princípio da continuidade

controle social
e liberdade 69-72
flexibilidade no planejamento 78-80
na educação progressiva 76-80
formas de 80-83
papel da comunidade na ordem estabelecida 72s.
papel das regras 69-72
papel do professor como líder 80s.

crescimento
como desenvolvimento 41s.
problemas superados 117s.

crianças
resistência ao comando 74s.
o papel das regras nos jogos 69-72

democracia
da educação progressiva 36-38

desejo
e impulso no desenvolvimento do propósito 95s.
como ocasião para o planejamento 100s.
dependência dos meios 99s.

disciplina
nas escolas progressivas 75-78

educação
a importância de manter como o objetivo 7-9, 139s.

a necessidade do plano de 28-30
necessidade de personalizar para atender às
  necessidades dos alunos individualmente 57-60
novos conceitos para lidar com novas práticas 7-9
o valor dos conflitos na resolução dos problemas 7

educação progressiva
desafio de desenvolver o conteúdo intelectual da
  experiência 129s.
o desafio do conteúdo das matérias baseado na
  experiência 106-109
desafio de incorporar a experiência 17-20
comparação com a tradicional 15s.
crítica à 31
perigo da 17s.
democracia da 35-38
dificuldade da 137-139
dificuldade de planejar 31-34
disciplina na 75-78
objetivos dos instrutores 111s.
importância da organização 32-34
crítica inerente do tradicional 14-17
ausência de modelos 82s.
necessidade de planejamento 28-30
necessidade de valorização e uso das experiências
  atuais 116s.
necessidade de adaptação das matérias curriculares 115s.
organização do conhecimento 122s.
filosofia da 15-17
problemas da 17-22
relação entre experiência e ensino 17-20
papel dos professores 44s., 49, 78-80

controle social 76s., 78s.

utilização de problemas no estímulo ao crescimento 117s.

educação tradicional

características 11-13

comparação com a progressiva 15s.

crítica 14

desvantagem da uniformidade artificial 85-89

objetivos dos instrutores 110s.

ausência da consideração das necessidades e capacidades individuais 57s.

falta de atenção com o ambiente do aluno 48

falta de plano educacional 28-30

necessidade de considerar o passado no desenvolvimento das matérias e dos conteúdos curriculares 113s.

efeitos negativos da experiência 24-26

objetivo 13

organização do conhecimento 122-124

papel do professor na manutenção da ordem 73-75

matéria curricular 12s., 112s.

educação personalizada

atender às necessidades dos alunos 57-60

educadores

o desafio de relacionar as experiências novas com as experiências antigas 109s.

flexibilidade no planejamento 78-80

objetivos dos progressivos 111s.

objetivos dos tradicionais 110-112

a orientação como um auxílio para a liberdade e o propósito 101-103

necessidade de ver o seu papel em termos do que é realizado 110-112

papel como líder 78-80
papel em dar forma à experiência 43-47
papel na educação tradicional 13s., 74s.
utilização do ambiente do aluno 47s.

experiência
análise de princípios 35
como base para a organização do conhecimento 122s.
como base para as matérias escolares 105s.
como meios e objetivos da inferência 138-140
desafio de ser desenvolvida nas matérias escolares
 105-109
desafio de desenvolvimento do conteúdo intelectual
 129s.
desafio de ser incorporada na educação progressiva
 17-20
desafio de produzir qualidade 27s.
desafio de relacionar o novo com o velho 118-121
desenvolvimento do potencial usando o método
 científico 129s.
influências externas (condições objetivas) 45-48
importância de organização no uso 137-139
inevitabilidade da educação para aceitar ou rejeitar o
 uso da 137-139
o papel inerente do passado na 117s.
necessidade para o planejamento da educação 28-31
necessidade para a expansão do conteúdo das matérias
 133-135
superação de problemas como um meio de crescimento
 117s.
efeitos negativos possíveis da 23-26
qualidade da 41-45
relação do presente com o futuro 65s.

relação com o aprendizado na educação progressiva
   17-19
relação com a preparação 64-66
papel no desenvolvimento do propósito 95s.
uso do método científico para extrair a importância
   130-135

hábito
na educação tradicional 11-13
possibilidade da inteligência se tornar habitual 120-122
papel na formação de atitudes 39s.

hipóteses
relação natural de causa e efeito 132
valor das 132

importância das observações
no desenvolvimento dos propósitos 94s.

impulso
e desejo no desenvolvimento do propósito 93-100
confundido com propósito 96s.

inteligência
e desenvolvimento do propósito 93-95
desafio de desenvolver o conteúdo intelectual da
   experiência 129s.
demonstrada pela análise e pela síntese 126-128
falha das escolas no desenvolvimento do pensamento
   crítico 128s.
possibilidade de se tornar habitual 121s.
papel na definição do propósito 96-99
uso para superar problemas 117s.

interação 52-57

e continuidade 55-57

e situação 54s.

liberdade

vantagens da liberdade exterior 85-90

e controle social 69-72

confundindo impulso com propósito 96-99

inibição do impulso e autocontrole 90-92

falta de restrição *versus* experiência contínua 52-55

aspectos negativos da exterior 88-90

de inteligência 85-88

a orientação do professor como um auxílio para 102s.

livros didáticos

papel na educação tradicional 13s.

matérias e conteúdos curriculares

seu benefício na superação dos problemas 116s.

desafio de proporcionar experiências com base em
106-109

consideração de causa e efeito 125-128

desenvolvimento da experiência em uma forma madura
105-109

a experiência como base para a organização do
conhecimento 122-124

necessidade de uso da experiência para a expansão de
115-117, 133-135

necessidade de adaptação com base nos alunos 115s.,
134s.

necessidade de incluir o passado 112-115

relação de experiências novas com experiências
anteriores 109s.
relação da experiência presente com a ciência 117-121
com raiz na experiência de vida 105s.
educação tradicional 12s.
compreensão das forças sociais relacionadas com a
ciência 120-122
uso do passado para compreender o presente 114s.
valor da relação dos meios com os fins 126-128

método científico
seu uso para extrair significado da experiência 131-135
seu valor no desenvolvimento do potencial da
experiência 129s.
valor das hipóteses e da experimentação 131s.
seu valor na exploração da experiência 132s.

modos
e controle social 80-83

observação
papel no desenvolvimento do propósito 93-95

organização
como um modo de desenvolver as relações sociais
32-34
importância da
importância no uso da experiência
na educação tradicional 11-13
do conhecimento entre os progressivos 122-124
seleção do conteúdo das matérias a partir das
experiências presentes 122-124
estrutura da educação 123s.
matérias baseadas na causa e efeito 125-128
valor da reflexão 132s.

pais
interação com os bebês 42
papel da liberdade no relacionamento com a criança
52-55

pensamento crítico
falha da escola no desenvolvimento 128s.

plano de educação
desejo como ocasião para 100s.
dificuldade para os progressivos 31-34
necessidade de 28-30

princípio da continuidade
e interação 50-56
critério de qualidade de experiência 109s.
expansão do conteúdo da matéria através do
crescimento da experiência 109s.
crescimento como desenvolvimento 38-42
hábito na formação da atitude 39s.
preparação dos alunos para o futuro 60-65

propósito
confundido com impulso 96-98
desenvolvimento do 93-101
papel da inteligência na definição do 96-98
orientação dos professores como auxílio para atingir
101s.

professores
cf. educadores

qualidade da experiência
desafio de promover 27s.
continuidade como critério 41-43
efeitos negativos possíveis 23-26

reflexão
valor na organização 132s.

regras
no controle social 69-72

situação
e interação 54s.

relações sociais
seu desenvolvimento através da organização intelectual
123s.

uniformidade artificial
ausência de liberdade exterior 85-89

Conecte-se conosco:

 facebook.com/editoravozes

 @editoravozes

 @editora_vozes

 youtube.com/editoravozes

 +55 24 2233-9033

www.vozes.com.br

Conheça nossas lojas:

www.livrariavozes.com.br

Belo Horizonte – Brasília – Campinas – Cuiabá – Curitiba
Fortaleza – Juiz de Fora – Petrópolis – Recife – São Paulo

  Vozes de Bolso

EDITORA VOZES LTDA.
Rua Frei Luís, 100 – Centro – Cep 25689-900 – Petrópolis, RJ
Tel.: (24) 2233-9000 – E-mail: vendas@vozes.com.br